Agnes Miegel

Es war ein Land
Ostpreußen

Agnes Miegel

Es war ein Land Ostpreußen

Gedichte und Geschichten

RAUTENBERG

Umwelthinweis:
Dieses Buch und der Umschlag wurden auf chlorfrei gebleichtem Papier gedruckt.
Die Einschrumpffolie – zum Schutz vor Verschmutzung – ist aus umweltverträglichem und recyclingfähigem PE-Material.

Mit 18 Bildern von Lieselotte Plangger-Popp
Redaktion: Ulf Diederichs und Christa Hinze

3. Auflage 2017

Rautenberg Verlag
Internet: www.verlagshaus.com
Einbandgestaltung:
Silberwald Agentur für visuelle Kommunikation, Rimpar
www.silberwald.biz
Printed in Germany
Druck und Verarbeitung:
Himmer GmbH Druckerei & Verlag, Augsburg
www.himmer.de
ISBN 978-3-8003-3194-9

Inhalt

Meine Heimat

O Antlitz, erddunkles, sanftes Muttergesicht, da zuerst erblickt, aber immer und ewig gekannt – immer und ewig ersehnt! Wie könnte dein Geschick mir allgegenwärtig sein, wenn ich's nicht in dir, um dich erlebte? Kannte ich dich nicht, längst ehe der Spaten dich beschwor aus Moränengeschiebe und zerfallenem Hügelgrab? Sah ich nicht deine Töpferöfen rauchen, nicht deine bunten Boote landen, hörte ich nicht Trusos frohen Marktlärm, nicht Heldensang am Schmiedefeuer des Memelufers? Sah ich dich nicht hinter verwachsenem Wälderwall verwunschen schlafen bei den Schlangen deines heiligen Eichenhains, bis der Deutschherrn Schwert dich erweckte? Sah ich nicht seine gepanzerte Hand dich mit roten Städten schmücken, wie den Christbaum mit bunten Äpfeln? Thorn und Graudenz, Marienburg, Schrein und Schlüsselburg, Elbing, die Trusotochter, und Königsberg, die gekrönte, Ragnit am Memelstrom – und kniendufend oben am Haff Memel, die »entlegene«! Sah ich sie nicht alle werden, kämpfen, leiden und siegen, auferstehen, neu und jung aus dem Gletscherwinter, aus der Mur von Krieg und Pest, aus Hochwasser, aus Hunger, aus Feindesbedrückung?

Ach, immer wieder bin ich von dir fortgezogen, vertrieben von Mißwachs und peitschendem Regen, verlockt von wärmerer Sonne, von frohem Prahlen, von Kriegsruhm, von blankem Geld, von bunter Ferne, von dem Glanz Babels – und immer wieder, von Heimweh verzehrt nach deiner grünen Weite, nach dem Feldwind deines braunen Ackers, nach dem Salzhauch deiner Brandungsküste, nach den stillen Friedhöfen auf deinen Hügeln – kehrte ich zurück!

Ich war der greise Gotenhäuptling, der den weiten Weg zurückwanderte vom Vesuv bis zum Thardener See, um satt von Ruhm und Sonne sich dort im Erdgrab der Vorväter zu betten. Ich war der junge Thüringer, der im Pregelsumpf fiel beim Sturm auf den Dwangste. Die junge Bauersfrau war ich, die, mit Sack und Pack, sich bekreuzend, über die Nogat setzte, über Wasserfunkeln und treibende Eisschollen nach dem Ufer spähend, auf das Land wartete, freies Land für die Schar ihrer kreischenden, lachenden Kinder! Der Kaufherr bin ich gewesen vom Niederrhein, der vom Kneiphof herüberblickte auf die Speicher und Holzwiesen der Lastadie, die sein Fleiß erwarb. Die junge Hugenottenfrau, die im Garten am Schloßteich psalmensummend die feinen Handschuhe nähte. Der alte Schmied, mühselig neben dem hochgepackten Wagen durch die verwachsene Landstraße wandernd, auf das neue weißgekalkte Siedlerhaus zu, den Stekken in der Hand, den er noch von der Hecke hinter dem alten Lehn im Bergdorf an der Salzach gebrochen hatte. Der junge Schreiber war ich, der Müllerssohn aus der Oderau – und du standest vor mir am Zaun in deines Vaters Garten, den Aurikelstrauß in der Hand, und die Pfingstsonne schien auf dein goldenes Haar, du Schöne!

Dich suchte ich, dir lebte ich, um dich starb ich – aus dir entstand ich aufs neue für dich! Mein Staub wuchs aus dir als Linde und Birke und rote Quitsche, wurde Gras und grüner Klee, wurde Ähre und Frucht, speiste Mensch und Tier und trank aus den Adern deiner Quellen neues Leben. Ich selber war's, der sein Leben mit dir einte, es aus dir nahm, sich neu zu erbauen. Immer und ewig, Heimat, wurde ich du, bliebst du ich!

Es steht der Abendstern weißsprühend am lichten Frühlingshimmel, es dampft der umgebrochene Acker, das sprießende Gras duftet – neu wirst du wieder. Neu wurdest du Land, jung wieder die Seelen deiner Kinder. Durch die helle Abendluft höre ich ihr Singen, höre ich ihre festen Schritte.

Nicht mehr in ihrem Sommer, nicht in ihren Herbst werde ich wandern. Wo wirst du mich rufen, weißes Gestirn, das dort über den knospenden Obstbäumen aufsteigt am rötlichen Abendhimmel? Wo es auch sei in deutschem Land – unter dem Schatten der Loferer Berge, am breiten Rhein – unten wo es klarstrudelnd und bergbachgrün die Münster grüßt oder dort, wo er breit und schwer durch das plattdeutsche Land strömt – oder in der grünen Au unter den Linden und Kiefern der Grenzmark – überall wird Staub sich einen mit meinem Staub, der ihm verwandt! Aber schwer wird die Erde auf mir liegen, wie Steine, eisig wird das Wasser über meinen Sarg rinnen, wie Wintertod wird der Wind darüber gehen – ferne von dir, Ostpreußen! In dir nur will ich mich betten! Gras wird wehen über meinem Grab, Baum seine Wurzeln senken in Erde und zerfallenden Sarg, Regen wird sanft darüber singen, wird Wurzel tränken und Asche, Wind von der See, Wind vom Acker wird singen über dem Grab, wo sie alle schlafen, mit mir vereint, die dir dienten! Wenn in deines Werdens Kreislauf einging die Hülle, die ich aus ihnen und dir empfing – heimkehren werde ich in die Klarheit über dir; höher als das Flugzeug deiner jungen Söhne, höher als Storch und Seeadler im Frühlingslicht werde ich steigen. Niederblicken werde ich auf dich, geliebtes Land. Grün wie ein buntes Tuch wirst du unten liegen, gehalten an den Zipfeln von Memel und Danzig – Namen, wie Lerchenlied noch einmal herhallend. Aus grüner Weidenwiese, aus grünen Feldern und dunklen Forsten, von lehmigem Hügel, aus roter Stadt, von blitzendem Hafen und blauem See wird das Arbeitslied deiner Kinder aufsteigen wie Bienensummen. In Meeresbläue, im Schoß der Niederung liegst du, blickst auf zu dem weißen Gestirn über mir, das mich auftrinkt – Heimat, geliebtes Kind meines Herzens – immer und ewig!

Hinter der Hohen Düne Vergangenheit

Weit, weit,
Tief in der sonnigen Mulde geborgen
Liegt der verwunschene Garten Kinderzeit!
Wie hell dort am Morgen
Der klare Stern über den Kiefern stand!
O frohes Erwachen,
Lustiger Lauf über den warmen Sand!
Vögel riefen und der Spielgefährten Lachen,
Und die kleinen Kätzchen, die sich verschlafen sonnten!
Ach, die tausend Spiele, die wir konnten!
Und der kleinen braunen Hunde warme Zärtlichkeit –
Und die lockenden Blumen im Gras und in den Buchs-
[baumbeeten,
Und die weißen Beeren, die wir knallend zertreten,
Und die scharlachroten, die uns so schön geschmückt –
Und überm Graben die schnellen
Blitzenden blauen bösgesichtigen Libellen
Und des großen fremden Käfers grünes Funkeln
Und die samtdunklen
Flügel des Schmetterlings, der uns so entzückt –
Ach, alles war schön, war so gut und so ganz vertraut –
Und vor Schlangen hat uns leise gegraut – – –

Aber immer wußten wir unsichtbar
Einen Alten, der alles Schlimme vertrieb,
Und wußten, selbst wenn draußen Sturm und Gewitter war,
Daß er schützend bei artigen Kindern blieb, – – –
Denn die hatte er lieb – – – –

Schutzengel Erinnerung, höre mich an!
Draußen stürmt es. Dunkel ist die Nacht,
Und der Schlaf klopft spät bei uns Alten an.

Die weiße Düne, Nidden

Zu dem grünen Garten trage mich hin
Ganz sacht!
Sieh, wie klein ich bin,
Eingehüllt in Dein dauniges Wildschwangefieder.
Wir blicken auf Wolkenkämme und weiße Brandung
Und suchen im Sand [nieder
Spuren von kleinen Schuhen und weichen Hundepfoten, -
Sieh, der Garten ist da.
Da flammen die roten Kapuzinerkressen, die meine Mutter
Weh, weh, [liebt -
Wie der Sand wirbelnd stiebt!

Wie der Nebel steigt von der See!
Stummer Engel, der so sanft mich trägt,
Sieh, es versinkt,
Was eben noch lockend herübergewinkt.
Nur die Brandung schlägt
Rauschend auf, wie ein Herz, das nicht Ruhe gibt.
O weit, zu weit
Liegt die Hohe Düne Vergangenheit!

Die See

Es war nicht die grünumrankte Holzveranda an dem kleinen roten Backsteinhaus des Vororts, in dem wir sonst um diese Sommerzeit wohnten. Es war eine viel größere Veranda mit großen Schiebefenstern, in denen blaue, gelbe und rote Scheiben in einer beinah unheimlichen Glut strahlten – in den roten Eckscheiben stand ein weißer Stern, den mochte ich gern. Die Veranda hing wie ein Vogelbauer in die Wipfel blühender Linden, die der Wind schüttelte. Ein Schwaden von Honigduft wehte von den bräunlichen, lichten Blütenbüscheln in die stickige, von Holz und Staub schwelende Schwüle und ließ den langen Papierlampion mit den roten und blauen Streifen jäh schaukeln und mich aufatmen. Ich lag zusammengerollt wie ein kleiner Hund gerade unter dem Lampion auf meiner braunen Steppdecke mit den rötlichen Fliedersträußen. Hier sollte ich schlafen, während Mutter und Minna nebenan die Betten aus dem großen Segeltuchsack packten. Ich hörte sie eilig hin- und hergehen, Mutters flinken Schritt, ihr leises Lachen. Ich hörte die Betten rauschen, das Flappen der Leinenlaken, das Knarren der Betten. Manchmal sah Mutter nach mir, manchmal Minna. »Sie schläft«, sagten beide leise. Aber ich kniff dann nur die

Augen zu, drückte meine Puppe, die blonde Anna, die ich eigentlich gar nicht leiden konnte, fest an mich und blinzelte schlau ein bißchen, gerade noch genug, um Minnas gutes, braunes Gesicht mit den breiten Backenknochen zu sehen. Oder Mutters blonde Schläfenlocken, wie sie vor Wind und Eifer tanzten. Immer wollte ich etwas fragen. Aber was war es nur? Die fremde Veranda war es nicht, nicht die Linden, nicht der Wind. Das kannte ich ja schon. Nein, etwas war fremd in allem, in der Luft, in dem Wind. Ein feines, gleichmäßiges Brausen war da, ganz unerklärlich.
Ich stand auf von der Steppdecke, zog leise einen Stuhl an das offene Fenster und sah hinaus. Grandgelbe Wege waren unten. Ein Rasen. In der Mitte glänzte eine silbrige Glaskugel auf hohem Beet mit gelbem Kamillenkranz und Löwenmäulchen und Jungfer im Grünen. Dann kam hinten Eisbeerengebüsch, ein Quitschenbaum und der grüngestrichene Lattenzaun mit den weißen Köpfen. Dann wieder Gebüsch. Und dahinter eine Veranda unterm Pappdach. Nein, von dort kam das Brausen nicht. Von weither mußte es kommen. Es war kein Dampfer, es stieß und schob nicht und heulte nicht auf, wie die Schiffe an der Brücke zu Hause es taten. Ja, zu Hause und im vorigen Sommer in dem roten Haus, da hatte auch die Luft anders gerochen. Ich atmete ganz tief, bis mir fast die Brust zersprang. Ich leckte die Lippen. Etwas war da zu riechen, zu schmecken, zu hören – und doch nicht zu begreifen –, was war es?
»O Kind, komm herunter von dem Stuhl! Was wolltest du da nur? Wolltest du das kleine Mädchen von nebenan sehen? Warte, ich bringe dich hin. Martha heißt sie. Und ist ein sehr artiges Marjellchen!«
Ach nein, ich wollte gar nicht nach der artigen kleinen Martha sehen! Sie ähnelte ganz der blonden Anna, und ich hatte schnell von ihr fortgeguckt, als wir ankamen und sie ans Gartentor lief, um uns zu sehen. Aber ein schönes, gelbes

Sandförmchen hatte sie gehalten, mit einem Rand dunkler Punkte. Ich nestelte mich ganz fest an Mutters Brust. So warm war's, so geborgen; ich hörte ihren Atem, ihren Herzschlag, spürte ihre Raschheit, ihre kleine Angst, ihr leichtes Lachen – und gar kein Brausen mehr. Und sagte leise: »Ja, ich will zu der Martha.«
Abends im Bett schlief ich gleich ein. Es war so herrlich, hier – nach dem fremden Garten, nach dem langweiligen Nachmittag mit der kleinen Martha in dem andern Garten, der im kümmerlichen Rasen nur ein sehr unangenehmes rundes Beet hatte, von dem Martha mir stolz sagte, es wäre ein »Teppichbeet« – nun hier im eigenen kleinen gelben Holzbett zu liegen, auf den vertrauten Kissen, die wie aufgebläht waren vom Sonnen und deren Leinwand so köstlich roch, so weich und glatt war, weil sie noch bei der guten Urgroßmutter gesponnen und gewebt war. Ach ja, hier war nichts Fremdes, die Stube war schon ganz vertraut mit Mutters bunter Decke auf dem Tisch und der gelben Eschenschlafbank, und als ich die Hände zum Beten faltete, da hing richtig überm Bett das drollige Bildchen von Mutter und Andreas als Kind – und machte die fremde hellgraue Tapete schon ganz heimatlich. Ich geriet nur mit Mutters Hilfe bis zum Amen. Aber dann, mit Lidern wie Blei, fragte ich doch noch: »Wann kommt der Vater? Wann kommt Tante Gretchen? Sonnabend? Ist das noch lange?« Aber dann gähnte ich, und Mutter murmelte: »Behalt das süße Schlafchen!«, und ich spürte noch ein kleines leichtes Wehen, als sie sich über mich neigte.
Auf einmal wachte ich auf. Das war so ungewohnt. Mein Herz tat einen lauten Schlag; es war, als riß etwas meine Lider auf, und es zog mich hoch. Einmal hatte Minna mich geweckt, im Winter, als ich krank war, und über den scheußlichen Krug mit dem heißen Dampf gehalten, in der Sofaecke am Ofen. Einmal war ich aufgewacht von Rasseln und

Geschrei. Die Lampe brannte im Nebenzimmer, die Eltern waren auf, draußen klingelte es, Pferde und Wagen jagten, Menschen riefen, und es rasselte und klirrte. »Schlafe, schlafe, die Feuerwehr kommt schon! Schusche, schusche!« hatte Minna gesagt und mir die Decke über den Kopf gezogen.

Jetzt war keiner wach außer mir. Im dunklen Nebenzimmer atmete Mutter im Schlaf. Ganz leise flüsterte sie, und ich hörte sie rasch aufseufzen und sich herumwerfen. Ich hielt mich an dem Holzgitter des Bettchens, kniete auf dem Kopfkissen und sah umher. Es war schon hell – eine alles erfüllende, schattenlose Helle strömte durch die weiße Decke vorm Fenster, durch die Verandatür. Die Glasscheiben am Rand dort waren nur bunt. Sie funkelten nicht. Reglos standen dahinter die Linden. Ganz still hingen die Blüten.

Zu meinen Füßen schlief Minna in der ausgezogenen Schlafbanklade. Ich starrte auf den blaugewürfelten Zudeck, auf ihre dunklen Zöpfe, die so schwarz da in der schummrigen Nische des Holzschranks lagen. Ein bißchen Stirn war zu sehen, ihre feste, braune Hand unterm Kinn. So vertraut war das. Ich wagte nicht fortzusehen. Ich wagte aber auch nicht, sie oder die Mutter zu rufen. Sie hatten mich ja nicht geweckt. Etwas hatte gerufen, ich wußte es. Ich horchte. Ja, nun hörte ich es in der toten Stille des Frühmorgens: ein ganz gleichmäßiges, sanftes, eintöniges Brausen. Es kam, schwoll an, schwoll ab – aber es war immer da.

Ich konnte nicht atmen; ich mußte aufblicken von dem dunklen Kopf fort durch die Tür, durch das Verandafenster. Kühle Bläue stand überm Lindengrün. Keins der Blätter bewegte sich. Aber da draußen war es, war immer da. Rief, rief nach mir.

Ich wollte aufstehen, wollte hinaus, es suchen gehen.

Aber plötzlich, wie eine Wollpuppe, sank ich vornüber auf das Kissen und schlief weiter.

Ein langweiliger Tag kam und noch einer. Mutter und Minna hatten immer noch zu tun. Ich durfte mit Minna mit zum Bäcker gehen und zum Gewürzkrämer; ich durfte ihr Netz tragen helfen, in dem Salat lag und Kohlrabi. Ich mußte mit der kleinen Martha spielen auf einem Sandhaufen mit schneeweißem, rieselndem, körnigem, gläsernem Sand. Aber sie gab mir nicht das schöne Förmchen. Ich mochte sie nicht, und ich mochte Anna nicht und nicht ein rotlackiertes Blecheimerchen, das Mutter mir kaufte. Ich saß herum und träumte vor mich hin und war unlustig. Und wartete nur, daß ich über Mittag auf die braune Steppdecke mit den Fliedersträußen gelegt wurde, in die Linden sehen konnte und zwischen Schlaf und Wachen deutlicher als sonst das Brausen hörte – gleichmäßig, immer gegenwärtig, wie einen Ruf, wie ein Herz.

»Du wirst doch nicht wieder krank werden?« sagte Mutter.

»Das ist die andere Luft; gewöhnen muß sich ein Kind!« sagte Minna.

»Das ist die Hitze!« sagte Tante Gretchen, als sie frisch und rosig und mit blanken, braunen Augen auf einmal auf der Veranda saß und Kaffee trank und eben erzählt hatte, daß der Vater nicht mitgekommen wäre. (Und der Vater der kleinen Martha war gekommen! Er war blondbärtig und dick und groß und ein sehr schöner Papa!) »Sie muß an die See mit!« Und Tante Gretchen steckte mir ein süßes Plätzchen zu, das nach Zitrone duftete. Sie hatte eine tiefe, glucksende Stimme und rote Wangen, und ich hielt mich an Mutters Knie und sah sie unverwandt an.

»Morgen, morgen, zum Sonntag!« sagte Mutter und streichelte mich. »Heute gehen wir allein, zum Sonnenuntergang. Das ist zu spät für kleine Kinder!« »Ja«, sagte ich. Und grübelte ein bißchen, was wohl die See wäre. Alle hatten davon gesprochen, Minna und Martha. Und das rote Eimerchen war für die See. Ob das eine Frau war? Oder ein Fluß?

Es war ein Fluß. Soviel stand fest. Am Abend gab's goldbraune, platte Fische, die köstlich nach Rauch rochen. »Oh, Flundern!« sagte Tante Gretchen. Wenn man die goldbraune fetttriefende Haut abriß, war unten weißrosiges Fleisch. Und ich bekam ein Stückchen davon in den Mund geschoben. Schmelzend süß war's und doch salzig, viel weicher als Weihnachtsmarzipan, schmeckte schöner als Kalbsbraten oder Erdbeeren ... »Oh!« sagte ich und sah mit gierigen Augen nach Mutters Teller. Und Mutter und Tante Gretchen lachten und steckten mir wieder einen Bissen zu. »Ja, so frisch aus der See! Da sind sie am besten!« sagte die Mutter. Zander, Hechte, Barse – ich war immer mit Minna auf dem Markt gewesen, wenn sie das Fischgericht für den Freitag oder die Feiertage an den Buden der Gildefischer einkaufte –, die kamen aus dem Pregel. Also war's ein Fluß. Aber warum hörte ich keine Dampfer, kein Brückenrasseln?
So früh steckte Minna mich ins Bett. Ich sah noch den Abendhimmel in goldenen und roten Wolken über den Linden verglühen, die bunten Scheiben atembeklemmend strahlen, sah Minna mit platschendem Eimer rund um mein Bett rutschen und die weißen Dielen scheuern. Hörte noch, wie sie dazu ihr Lieblingslied sang: »An einem Bach, der rauschend schwoll« – und draußen schwoll auch ein Bach, ich hörte es ganz deutlich über dem Schrubben und Singen.
Es war ein recht eiliges Aufstehen und ein eiliges Frühstück. »Oh, wird das heiß!« stöhnten die drei Großen. Und Tante Gretchen holte ein großes rotbesticktes Badelaken hervor, eine feuerrote, weißgepaspelte Badehose und eine gelbe, rotgesäumte Wachstuchkappe, vor der mir schauderte, als ich ihre blanke Klebrigkeit anfühlte. Und dann durfte ich das rote Eimerchen nehmen und ein Holzschippchen, das Tante Gretchen mitgebracht hatte, und Minna umarmen, die schon in der Küche stand, wo es nach Kirschsuppe und Braten roch. Und dann trabte ich plötzlich an Mutters Hand

zwischen ihr und Tante Gretchen die Straße hinab. Martha war im Garten mit dem Papa, der das Teppichbeet besah. Aber ich kuckte fort. Weite Röcke trugen damals die Großen, da konnte man sich schon verstecken.
An Häusern und Gärten ging's vorbei. Und ich schnaubte und schnoberte, strich mit der Zunge über die Lippen. Ich roch, ich fühlte das Brausen. Aber zu hören war es kaum. Ganz leise, mit einem süßen, kleinen, klapsenden Klang, so gleichmäßig, so lieblich; es war, als drückte es jedesmal den Magen.
Der Weg wurde immer sandiger; ich stieß mit jedem Schritt gegen mahlende Sandhaufen, die hell und weiß und gläsern glänzend waren. Fremdes Gestrüpp stand da, grau und sparrig oder glänzend und dünn, mit blanken, schmalen, grünen Blättern. Schlingkraut wuchs darin mit lila und gelben Blüten und roch bitter und widerlich. Feines, dünnes Gras glänzte. Bläulichgraues Gras, hart und breit wie Bänder, starrte aus dem Sand. Halbverweht tauchten grauverwitterte Planken daraus hervor. Schwatzen, Lachen, Schreien, Kreischen, Plätschern. Eine lange Reihe hellgrün gestrichener Buden, grell in der Sonne, nach Harz und Leinen dünstend, stand plötzlich vor uns auf hohem Sand, vor dem hitzeflimmernden blauen Himmel.
Eine dicke, barfüßige Frau mit ganz gelben Haaren und einem Gesicht, blank, flach und braun wie eine Flunder, entriß uns Tante Gretchen und ihr Badezeug. Mutter trug mich ein steiles Holztreppchen hinab, durch den mahlenden Sand, an schwatzenden, lachenden Frauen und Kindern vorbei, die in roten und blauen Badeanzügen dasaßen oder auf blendend grellen Laken lagen. Ein paar alte Damen hielten Sonnenschirme aufgespannt. Ein paar Frauen, ein paar Kinder waren in Unterröcken.
Ich hing auf Mutters Arm, hielt sie umklammert, sah Sonne und Menschen und Sand.

Und sah dahinter Frauen und Kinder halbnackt oder glänzend blank und bunt, kreischend und plätschernd in einem kleinen Bezirk, eingefriedet wie ein Fohlengarten, in etwas, was viel blauer war als der Himmel, glänzend blank und glitzernd wie ein Fisch, unendlich groß, hoch wie eine Wand, gebreitet wie ein Tuch, wie eine Wiese. Etwas, was aufglänzend mit kleinen verfließenden Glasstreifen auf den Sand schlug, immerfort.

»Die See!« sagte ich leise. Mutter nickte. Und ich sah fort von dem lockenden Blauen, Blanken in ihre großen, klaren, blauen Augen, als sie mich langsam niedergleiten ließ in den warmen, weichen Sand. Und der Sand, rieselnd, gleitend, immer wieder alle Lücken füllend, sonnenheiß oben und knisternd trocken, eiskühl und feucht unten, wenn man mit der heißen Hand darin wühlte, spielte mit mir und lenkte meine Gedanken ab wie ein fremdes, spielerisches, warmpelziges Tier. Mutters kleine, feste Hände warfen einen Berg auf, höhlten eine kleine Kaule aus. Immer wieder wollte er weiß und rieselnd zugleiten mit glitzernden Sandwellchen. Immer wieder warf Mutter kleine, graudunkle, gekrümmte, nasse Sandflocken heraus. Ganz dunkel wurde es in der kleinen Kaule, über die wir uns beugten. Es zitterte da unten, es atmete, es glänzte. Ein kleiner Wasserspiegel strahlte mich an. Und ich folgte Mutters Blick von dem winzigen, scheibenrunden, glänzenden Wasserfleck auf die glänzende, riesige Bläue vor mir. Kinder kreischten am Seil, lagen auf dem Rücken, schlugen mit den Füßen. Weiß und sprühend rauschte es auf. Naßblanke Gesichter mit gelben Kappen tauchten prustend empor; Tante Gretchen, feuerrot und glänzend, winkte mit nassen Armen. Ein kleiner, brauner, nackter Junge lief klatschend dicht vor uns über den festen, nassen Sand. Klapp, klapp. Spannenhoch, gläsern, grün, mit einem Silberperlenrand, glitt das Wellchen vorüber, lief aus im Sand, überspülte seine Füße. Kleine Steine lagen unter

flutender Helle, weiße, bläuliche, rötliche.
»Möchtest du in die See?« fragte Mutter. Und während sie fragte, zog sie schon mein rotbuntes Kleidchen über den Kopf, streifte graue Schuhe und klare, weiße Strümpfe ab. Mit einem leisen Schwindel spürte ich die Wärme, das Gleiten, das Scheuern des warmen Sandes an den nackten Sohlen, zwischen den Zehen.
Irgendwo kreischte ein Kind, entsetzt und maßlos. Ich drehte den Kopf fort und sah starr nach Tante Gretchen, die nun rauschend und ein bißchen schwerfällig aus dem Wasser kam, fremdartig, ohne die vielen Kleider, flammend und glänzend. Nun stand sie über mir. Schön roch sie, salzig wie Fische und so kühl. Ja, so roch es hier überall. Aber ich zitterte doch, als mein kleiner, heißer Körper plötzlich in ihren glatten Armen war. Und ich sah auf einmal Mutter an der kleinen Sandkaule knien, mit dem roten Lackeimerchen neben sich. Ihre Lippen hatten sich geöffnet, ihre Zähne waren zu sehen. Aber sie lachte nicht und sah mich ganz fest an.
Es rauschte um Tante Gretchens Füße, sie atmete ein bißchen schwer, stieß einen leisen Schrei aus: »Oh, die Steine!«
Ich sah hinunter. Und ich sah, daß die Bläue plötzlich grün war. Von einem tiefen, bläulichen, lichtflimmernden Grün. Und daß sie atmete wie eine Brust. Kühler als Schnee, lieblicher als Kornblumen wehte es zu mir empor. Es glänzte blendend in zitternd verlaufenden Ringen. Ganz nah waren bunte Kiesel, fein geharkter, seidiger Sand, als das kühle Atmen sich mir entgegenhob.
Jähes Entsetzen überkam mich. Ich wollte fortlaufen durch den Sand, durchs Gestrüpp, die Linden sehen, Minna, den Pregel! Schreien, laut schreien wie der Junge dahinten.
Todeskälte zerschnitt mich, Grauen, Versinken in Eiseskühle und weicher Feuchte, entsetzliche Angst, die mich in schnellendem Stoß wieder hochtrieb.

Und als mein kleiner nasser Kopf wieder emportauchte, gurgelnd in halbersticktem, in schallendes Lachen ausklingendem Schrei – ehe Tante Gretchens kräftige Arme mich hastig herausgezogen, ehe ich auf den weichen Sand flog, in ein sonnengewärmtes Badetuch geschlagen und von Mutter auf der heißen, daunigen Wärme hin- und hergerollt wurde, bis ich nichts war als ein glühendes, kreischendes, zappelndes Bündelchen – ja, in diesem Augenblick sahen meine vom Salzwasser brennend klargespülten Augen über der flutenden Feuchte die Herrlichkeit von Blau und aufstrahlendem Grün, von gleißendem Silber, von purpurnem Saum. Sahen den strahlenden Sand am Ufer, die muschelrosige Schwingung der Dünenküste, hinter silbrig grauem Glaskranz weiches Moosgrün der Kiefernkronen, dunkelnde Erlen. Sah ich – während meine kleinen Glieder zappelnd sich breiteten, das Feuchte teilten und schoben, das mich schaukelnd trug – über mir die flimmernde, vor Licht und Wärme bebende Unermeßlichkeit des Sonnenhimmels. Fühlte mein kleiner, fast zerspringender Körper einen Herzschlag lang die Wonne des Schöpfungsmorgens!

Samlandküste

Besuch im Dorf

Meine ersten Sommer verlebte ich, wie die meisten Kinder meiner Vaterstadt, in einem der damals noch stillen Fischerdörfer an der See. »Am Strand«, wie wir es nannten. Denn das Leben der Kinder verlief tagsüber ganz im warmen Sand der Vordüne, bei den Größeren schon näher zu dem breiten Sandstreifen der Brandung.

Es war mein Vater, der bei allem Verständnis für die unerschöpflichen Spiele mit Holzschippe und rotem Eimerchen doch bald entdeckte, wie eng meine Welt und mein Sprachschatz in diesem animalischen Seehundsdasein wurden. Und so hieß es dann: »Nächstes Jahr ziehn wir aufs Dorf!«

Es war ein altes großes Dorf im Natangschen, dem grünen Bauernland flußaufwärts in den Pregelauen. Bei einem Ausflug im Vorfrühling, als die Leberblümchen in dem schmalen Buchenwald am hohen Ufer des Pregeltals alle braunen Laubhänge leuchtend blau durchblühten, hatten meine Eltern, bezaubert von der Schönheit dieses Waldwegs und der Lieblichkeit des Dorfes in dem Wiesental zwischen Laubwald und großem dunklem Forst dort, in dem kleinen Holzhaus, das ein kluger Besitzer für Sommergäste erbaut hatte, eine kleine Wohnung gemietet.

Am Himmelfahrtstag fuhren wir noch einmal hinaus, und es wurde eine für uns alle unvergeßliche Fahrt. Noch war der lindenbestandene Weg von dem kleinen Bahnhof – dessen Anlagen so groß wie ein Park waren – nicht »aufgesiedelt«, ein einziges heckenumwalltes Gehöft stand dort, hinter dem man zwischen den Erlen am steilen Ufer den blauesten Dorfteich blinken sah. Hinter uralten Linden winkte der spitze, schindelgedeckte Turm der weißgekalkten Ordenskirche, um ihren Friedhof, hoch auf dem Hügel, lief die weiße Steinmauer, die mein Vetterchen für einen großen Backofen hielt, und unten im wiesegewordnen Wehrgraben weidete Jung-

vieh. Drüben im Pfarrgarten flammten Tulpen und Osterglocken in buchsbestandnen Beeten, alte Apfelbäume schäumten rosig dort und im Obstgarten des Dorfkrugs, dessen grüner Hang mit den altersgrauen Bänken sanft zum Bachgrund abfiel, überall sahen aus Lindengrün und Obstblüte breite Strohdächer, mit dem Roßhaupt am Giebel und kreisenden Störchen über ihren Nestern. Und am schönsten war das frühlingsbunte Terrassengärtchen hinter dem Haus, wo wir sommerüber wohnen sollten!
Zu kurz war dieser lange strahlende Himmelfahrtstag, um alles zu sehen, alles zu erfassen. Nur eine verworrne selige Erinnerung blieb an Frau Holles Garten, seinen Blumen- und Obstduft, den Geruch warmen Brotes, den Duft von Heu und Stroh aus den Scheunen und das sanfte Gebrüll der Kühe – und die Sehnsucht, alles wiederzusehn, in mich aufzunehmen wie daheim die Welt um den Dom und die Pregelbrücken!
Endlich kam dann der Frühsommermorgen, an dem der Möbelwagen vorfuhr und wir wie sonst an die See, mit Sack und Pack, mit Betten und Körben, mit Wannen voller Kochgeschirr und Blumentöpfen hinausrollten aus der Stadt in die unendliche grüne Weite der Wiesen und Felder, wie getragen vom süßen Duft des blühenden Faulbaums!
Dann, als die Großen auspackten und einkramten, die rosengeblümte Küchenuhr schon laut tickend und pendelschwingend neben dem kleinen Herd in der gelbgetünchten schmalen Küche hing, als Mutter mit Johchen und Tante Lusche die rotglühenden Betten mit der alten lavendelduftenden Leinwand bezog – da schlich ich mich leise fort. Drüben über der graustäubenden Dorfstraße hatte ich unter den alten Linden das schönste Wurzelnest entdeckt. Alle Bauerngespanne, Heuwagen, Kühe und Fohlen mußten dort vorbei, und ein paar weißblonde Kinder und braungescheckte Hühner spielten dort schon im grünen Laubschatten. Ich sah mich aber

nicht nach ihnen um. Denn unwiderstehlich zog es mich den breiten Einfahrtsweg hinauf zu dem weißen Haus mit der Bank unter den grauen Ständerpfosten. Der Vater hatte gesagt, daß es das Schulzenhaus wäre und auf den schwarzen preußischen Adler der weißen Tafel am Zaun gezeigt. Aber ich sah nur, seufzend vor Glück wie auf etwas Wiedergefundenes, Langegesuchtes, auf den weiten Hof mit der rauchigen samtdunklen Düngergrube in der Mitte. Ich atmete tief den Duft von Stroh und Heu, von frischem Laub und Gras, von Viehstall und Dung und hörte die Hühner hinterm Lattenzaun des Kirschgartens gackern. Alles, alles war vertraut wie das wütende Gekläff des gelben Hundes, der an seiner kurzen Kette vor der grünen Bude in die Höhe sprang, gehörte dazu wie das Zwitschern der Schwalben unter dem pfostengestützten, tiefen braunen Strohdach.

Aber da war noch ein anderer Laut, ein gleichmäßiges Stampfen und Stoßen.

Ich trat in die offene Tür, deren Ober- und Unterflügel an die Wand neben dem niedrigen Holzbänkchen gelehnt waren. Auf den Ziegeln des Flurgangs knirschte der krümelige weiße Sand, es roch nach Torfrauch und Äpfeln und säuerlich nach Milch. Eine helle Holztreppe stieg steil in die Höhe, dunkle Truhen standen an der Wand, Harken hingen da und ein Schafspelz. Aber ich ging gleich durch die offne Tür zur Rechten. Da stand vor mir eine große, stattliche, gelbblonde Frau mit blauer Schürze, die mir ernst, aber nicht unfreundlich zunickte, wie sie vor dem hohen hellen Butterfaß mit den blanken Reifen stand und butterte. Ganz gleichmäßig ging der Stampfer in ihren starken braunen Händen auf und ab. Lange stand ich und sah ihr ganz still zu.

Aber dann merkte ich immer deutlicher noch ein anderes Geräusch – ein stoßendes, dumpferes Ziehn und Klappen. Auch dies war urvertraut und gehörte in diesen Raum wie der frische säuerliche Hauch der Milch, wie das leise Heimchensimmern des Kessels und der Kien- und Torfdunst des Feuers im breiten Herd.

Ganz leise ging ich zur nächsten Tür, die halb aufstand. Heller war es hier in der langen, schmalen, graublau getünchten Kammer, durch deren blankes Fenster mit dem Myrtentopf man draußen den sonnigen Hof und zwischen den Scheunen die Weidegärten sah. Vor dem großen Webstuhl saß eine alte Frau. Sie trug noch die weite rosa Jacke, die breite buntgestreifte Schürze und die kleine weiße »Hüll«, die Haube der alten Bauersfrauen unsrer Heimat. Die flachen Pantoffeln standen neben ihr, ihre Füße steckten in grauen Schafwollsocken. Sie glich der Bäuerin am Butterfaß, aber ihr gutes, vor Alter schon ganz kleines Gesicht war rotbäckiger als jenes sonngebräunte, und wie die hellen Augen, die mich durchdringend und freundlich anblickten, von einer tiefen Stille.

Ja, so war es – leise bangend und doch beglückt von mir empfunden – still trotz des Klopfens, das so gleichmäßig wie ein Herz ging, schütternd auch durch meinen kleinen Körper und doch ruhevoll.

Auf dem Zeugbaum wuchs das Gewebe mit den schönen bunten Borten, das Schiffchen flog hin und her, her und hin durch die Fäden. Der lichte breite Streifen des gelblichen Grundes wuchs wieder, und dann wieder ein bunter Streifen unter dem hin- und herschnellenden, von der sichren alten Hand geworfenen Schiffchen.

Ich wurde nicht müde dem Spiel zuzusehn, der verwirrenden Vielfalt der Fäden, die da wie Saiten flirrten, sich hoben, senkten, zurückwichen, neuen Raum gaben – und aus denen immer wieder das schöne bunte Muster stieg unter der klugen Hand, den hellen Augen, der Stille des greisen, guten Gesichts.

Und so, unvergessen bis ins eigne Alter, steht die dunkle Küche mit der tiefen Balkendecke, steht die helle Webkammer des Bauernhauses noch heute vor mir. Und mit mir wandernd, dem Unvergänglichen zu, das Bild des Webstuhls mit dem schweren Herzgedröhn und den wachenden hellen Augen darüber. Es wurde für mich von jener Stunde an das Bild, das ich vor mir sehe bei dem Wort »Dorf«. Aber es blieb auch, so wie ich es damals nur ahnend und kaum bewußt im Schauer des Wiedererkennens fühlte, der Inbegriff Gottes, des Webers, aus dessen buntem Gewirk die Welt meiner Kindheit, meiner Vorväter, die Welt meiner Heimat und wir alle, Mensch und Tier, die grüne Landwelt der Äcker und die unruhvoll und froh lärmende der Stadt – unter dem Pochen seines Herzens, unter dem Wurf seiner Weberhand, unter der Stille seiner Augen aufsteigen und uns erfüllen und aufgerollt werden, um neuem Gewirk Raum zu geben!

Mein Bernsteinland

O Ferienmorgen meiner Jugendtage!
An Haff und See, auf schmaler Nehrung Saum,
Nie ausgeträumter, holder Frühlingstraum
Wie Bernstein leuchtend auf der Lebenswaage!

O trag mich hin, Erinnerung, heitres Boot
Mit buntem Wimpel in die Frühe gleitend,
Im weichen Sommerwind die Segel breitend
Auf blauer Flut perlmutternem Morgenrot.
Vertraute Dächer noch am heimischen Strand
Und Herdrauch, Vogelruf und Schilfgeflüster
Noch zärtlich nah – des Dünenwaldes Düster
Versunken schon – und drüben noch das Land
Verhüllt von letztem, schimmerndem Nachtgespinst.

O müdes Herz! es birgt wie dunkle Schale
Dich dieses Boot. Nun ward mit einemmale
So winzig, was du trägst und was du sinnst.
Nichts blieb als dieses: daß du sanft gewiegt
Und kinderfröhlich, still und wohlgeborgen,
Getragen wirst durch einen hellen Morgen
Der blau und strahlend selig vor dir liegt!

Wie, war einst Ferne schön?
Verlockte mich
Wie einer bunten Muschel tönendes Sausen,
Der fremden Felsenküste Brandungsbrausen
Und die umblühte Stadt, vor der verblich
Was mir als Erb und Eigen hier gegeben:
Der weißen Wanderdünen Herrlichkeit,
Durchfurcht nur von der Spur der Ewigkeit
Und ihrer Unrast tiefgeheimem Leben!

Am süßen Wasser, nach der Morgenseite
Liegst Dorf, du selber wie ein Fischerkind
Im waldigen Dünental. Der warme Wind
Trägt Heuduft her von grüner Niederungsweite
Und Fisch- und Algendunst, wo ausgespannt
Am sandigen Weg – durch silbriges Weidenlaub
Rieselt das Licht auf seinen weichen Staub –
Die Netze trocknen auf dem dunklen Strand.
Der Mole Schwung umgrenzt die kleine Bucht
Und hält der Kähne weiße Segelschwingen,
Gefangene Möwen, die um Freiheit ringen,
Ruft sie aus blasser Wolke Wind zur Flucht!

Genügsamkeit des kargen Lebens du,
Verhaftet diesem armen Streifen Land,
Alt wie der Wald, verwurzelt in dem Sand

Wie er – und auch wie er, niemals in Ruh,
Bedroht von Sturm und Flut, von Frost und Not,
Und mit dem Schirmenden von ihr bedroht,
Die über euch gebreitet, schweigend liegt,
Lautlos und unaufhaltsam euch beschleichend,
In steilem Sturz nach Dach und Wipfel reichend
Erstickend sich um euer Leben schmiegt,
Bis ihre Wächten Mensch und Baum verwehn –
Und die, noch wie im Spiel die Reste bleichend,
Vor ihrem Jäger Wind zum Wasser weichend,
Es weiß in ihrem eigenen Vergehn:
Daß Mensch und Wald in jungem Auferstehn
Sie doch besiegt – –

Ein Wetter steigt, die Hohe Düne raucht.
Vom jähen Sturm gejagt, tanzt unser Boot
Dem Ufer zu. Ein Blitz flammt grell und rot,
Und dunkelschwarz aus schäumenden Wellen taucht
Der Kiefernwald auf steilem Hügelkamm.
Grün leuchten Schilf und Röhricht auf im Neigen
Und Wasserstreif an schmalem Fischersteg.
Ein Entchen zetert ab, das hier geborgen schwamm,
Ein Vogel warnt aus dunklen Erlenzweigen,
Ein Kind läuft patschend über den Uferweg.
Wir legen an und warten, scheu geduckt,
Wie überm grauen Haff es grollt und zuckt,
Warm sprühen Gischt und Regen ins Gesicht.
Doch nun dort an der Bucht, ein erstes, silbernes Licht!
Der Düne Kamm, eben noch grau erblaßt,
Strahlt auf – landeinwärts zieht das wilde Wetter,
Noch jagt ein Segel, das der Wirbel faßt –
Hier aber glänzen funkelnd schon die Blätter,
Leuchtet wie Kupfer Kiefernstamm und Ast.

Wo sahst du Kiefern hoch und alt wie diese
Aus denen silbern sich die Reiher heben,
Wo sahst du Vogelflug wie diesen schweben?
Wo duftete so mailich eine Wiese,
So süß ein Faulbaum, wie der blühende dort?
Wo warst du, Herz, in deinem langen Leben
Glücklich wie hier?
Und dennoch gingst du fort!

So ist der Wald – ach, Wald kaum für die andern,
Die ihn auf eiligem Weg von Strand zu Strand
Laut redend, singend, lachend rasch durchwandern,
Für sie ein Streifen Grün nur zwischen Sand und Sand –
Und ist der schönste aller Wälder doch,
Vom Wasser wie ein Inselhain umflutet,
Von uralter Kiefern Schuppenhaut durchglutet,
Seeadler rasten auf dem knorrigen Joch,
Wilder Holunder neigt die roten Trauben,
Und unter der verwucherten Himbeern Lauben
Leuchtet das Moos wie ein verwunschener Hort.
Goldene Netze über glatten Grund
Wirft Sonnenlicht und Kuckuck lockt dich fort,
Hang ab und auf.
Und nun mit einemmale
Siehst du das schmale Tal, wie dunkle Schale,
Gefüllt mit jungem Grün und blumenbunt.
Rötlicher Wicken schwankes Waldgerank
Und Gräser, glänzend wie gesponnenes Glas,
Und Veilchen, hellgestielt und seltsam blaß,
Kreuzblumen, blau wie Karins Augen waren,
Und Mandelhauch bescheidener Linnäen,
Und Honigduft blühender Waldspiräen –
Verwunschenes Tal, holde Erinnerung

Verbirg dich nicht! Ich hab dich doch gesehn
Im weißen Kleid, den Kranz in braunen Haaren,
Erweckt von diesem Duft –
und wie vor Jahren
Klopft laut der Schwarzspecht drüben auf dem Ast.
O stummer Mund! Antlitz, zu früh erblaßt,
Ich folge dir –
doch meinen Weg versperrt
Das Spinnennetz mit seinen Silberseilen
Von Stamm zu Strauch taufunkelnd ausgespannt,
Und Emsenzug, schwarzwimmelnd überm Sand,
Und glänzender Käfer Flucht, und eines Falters Weilen
Auf meiner Hand, und Distel, die am Kleide zerrt – –
Schatten im Schatten, wollte ich dich quälen?

Der schwere Harzgeruch, wie Weihrauchschwelen,
Zwingt mich in dieser Kiefernwurzeln Arme.
O sanftes Bett, das meine Unrast fand,
Du glatter Boden, weich wie eine Hand
Und warm und duftend von dem heißen Tag!
Nun hör ich nichts mehr als der Brandung Schlag,
Wie Puls der Düne auf dem nahen Strand.
Nichts als das wiegende Lied der Kiefernkronen.
Geborgener, als meine Toten wohnen,
Lieg ich wie Waldgetier im Wurzelnest
An dieser Erde sanfte Brust gepreßt,
Durchströmt von ihrem Hauch, durchpulst von ihrem Sein
Geh ich wie Halm und Samen in sie ein!

Hier zwischen Wald und See, über den Reisigzaun,
Trägt Wind der schälenden Brandung salznen Hauch.
Vordüne glänzt wie Quarz in diesem grellen
Spätsommerlicht unter dem Weidenstrauch,
Strandhafer raschelt. Starre Disteln blauen.

Dort in der Mulde blühn die Immortellen,
Nimm bernsteingoldnen Strauß mit diesem grauen,
Silbrigen Laub am Morgen mit ins Boot,
Wirf ihn zum Abschied schweigend in die Wellen!
September kam mit flockiger Wolkenschar,
Blau wie August, wie Juni selig klar.
Die jungen Pappeln zittern leis im Wehn,
Blitzend wie Spiegel sich die Blätter drehn,
Noch sind sie grün. Doch von der Birke dort
Trägt sanft der Wind die ersten gelben Herzen fort.

Komm, laß uns alle Sommerwege gehn
Zum letztenmal – an jenem Hügelrand,
Unter den tauigen Gräsern halb verborgen,
Den weißen Stern der Pirola ich fand,
Süß duftend wie der frühe Pfingsttagmorgen.
Dort äugte aus den dunklen Erlenzweigen
Der graue Elch. Schwarz war sein Blick und blank
Und urweltklug. Du sahst kein Blätterneigen,
Als lautlos wie ein Spukbild er versank.
Hier hörten wir die erste Drossel singen!
Und hier, am Sonnwendtag im Mittagsglast,
Hielt regungslos der fremde Vogel Rast
Und flog ins Blau mit den Türkisenschwingen – –

So wandern wir nun, Hand in Hand gefaßt,
Der Düne zu. Schon weicht der Wald zurück
Und nun die Palwe. Blasses Heidekraut
Blüht noch am Saum. Von purpurnen Thymiankissen
Süß duftend noch ein herbstgebräuntes Stück,
Und nun der Sand und harter Gräser Wehn,
Und niedrer Kräuter Kampf, vom Wind zerrissen,
Als letztes Weggeleit.
Weg ohne Pfad

Entlang der Düne windumklungnem Grat,
Um den der Wolken spielende Schatten gehn,
Den Wind harkt wie ein Gärtner –

dunkel nur
Zierlicher Muster rippelndes Wellenband,
Zerstört von unsrer ungefügen Spur
Und wieder gleich vom Wind mit schrillem Singen
Verwischt und überweht mit glänzendem Sand –

Nun blicke um dich von der Düne Rand!
So weit gebreitet wie ein Tuch aus Gold
Der sanfte Hang, bis wo metallen flimmernd
Die Brandung dort um dunklen Tang ausrollt,
Vom Widerspiel der Abendwolken schimmernd.
Und hier zur Linken über blauer Bucht
Im düstern Abendschatten schon der steile
Absturz der dunkel drohenden Dünenzeile,
Und weiß des vorgereckten Hakens Wucht.
Und über dunkelblauem Haff erglühend
Der langgezogenen Wolkenkuppen Saum,
Wie abendlicher Himmelsbläue Traum
Aufleuchtend und mit Sand und Flut verblühend.

*

Unter hellem Himmel
Lag mein Jugendland,
Doch es ist versunken
Wie ein Bernsteinstück
im Sand.

Agnes Miegel

Die Mutter

An einem glühenden Feriensommermorgen am Strand war's, als neben mir eine zierliche, braunäugige Mama, die da mit ihren drei sonnverbrannten Jungchen eifrig eine Sandburg schaufelte, mich auf einmal mit ganz vertrautem Tonfall anrief: »Hör mal, Duchen, bist du nicht eine Tochter von der Helene Hofer, mit der ich in Tilsit zur Schule ging? Hat deine Mutter noch immer so dicke, blonde Zöpfe? Hat sie noch so blitzblaue Augen?«

Ich nickte stumm zu der ersten Frage, bei der zweiten nahm ich meine Holzschippe, meine sandigen Strümpfe und Schuhe und lief davon, so rasch das im sonnenheißen Seesand bloß geht. Erst oben, in dem flimmernden Schatten der lackgrünen Weidenbüsche auf der Vordüne machte ich halt und begann atemlos und verwirrt nachzudenken. Diese Helene, deren Tauf- und Mädchennamen ich auf Mutters Büchern in ihrer zierlichen, steilen Schrift immer gesehen hatte, war nun zum erstenmal für mich ein selbständiges Wesen. Es war meine Mutter, meine geliebte, kleine Mutschmama, die der Vater und die Tanten »Lenchen« nannten. Es war aber auch das blondgezöpfte Schulmädchen, das mit jener braunäugigen, lachenden Jungensmutter zur Schule gegangen war, damals, als ich und der Vater noch nicht in ihrem Leben waren. Während ich langsam durch den sonnenhellen Strandwald nach Hause ging, in dem Mittagsdunst der harzigen Kiefern und des hitzegedörrten Moorgrundes, versuchte ich immer wieder, mir meine Mutter vorzustellen, wie wohl andere sie sehen mochten. Aber seltsam verschwommen stand ihr Bild vor mir. Was da wie Lichtfunken in dem dunklen Wasser des kleinen Waldteichs vor mir, aus meiner Erinnerung tauchte, das war erste Kinderzeit, mir, dem Ferienmädel, schon fern gerückt wie die alte Wohnung in der engen Magistergasse.

Zitternde Sonnenkringel tanzten über bräunliche Wand hinter meinem Gitterbettchen, verblichene Rosensträuße blühten darauf. Sonne lag hell auf braunen Dielen und dunklem Spind, in krausem Myrtengrün und weißer Gardine, die der Wind bauschte. Weit auf stand die blinkende Winterraute am Fenster, scharlachrot schimmerte besonntes Ziegeldach hinter spitzem Giebel. Immer war da ein Schritt, leicht und flink, auf den Dielen, war das Rauschen weiter Röcke vor klappernden Schranktüren, das Klimpern der Schlüssel im schaukelnden Körbchen. Immer war da lebendige Gegenwart, näher und ferner, aber rasch zu mir zurückkehrend, immer in neuer Beglückung gespürt, wenn sie sich vertraut und warm über mich neigte. Da war lockiges, glänzendes Haar, gut danach zu greifen, runde kleine Hände, gut zu umklammern, da war ein rasches, leises Lächeln und glänzende, klare, spiegelnde Bläue, die meinem Blick Antwort gab!

Ja, so war es gewesen, zu allererst. Dann kam, immer wachsend, mein bewunderndes Erstaunen über ihre flinke Beweglichkeit, über dieses schnelle Hin- und Herschreiten, über ihre nie feiernde Emsigkeit. Immer war meine Mutter umgeben von irgend etwas, das mir wie ein kleines Fest vorkam: von drehenden, bunten Wollsträhnen, von blitzenden Nadeln und rollendem Knäuel, von weißem Mehlgestäube oder süßem Zucker- und Obstdunst. Immer aufs neue war's ein Ereignis, von ihren raschen, wirbelnden Küssen aus meinem bleiernen Schlaf geweckt zu werden, jedesmal mit einem neuen Kosewort, das meine Schwerfälligkeit gutmütig verspottete, mit einer Neckerei, die meine Umständlichkeit beim Aufstehen zur Eile trieb. Wie war es dann spannend, hinter ihrem rauschenden Rock, dicht an der knatternden, hellgelben Hausschürze herzutraben, abwartend, was nun wieder geschehen würde. Denn es geschah immer etwas, wo Mutter war, so vieles, was ich gerne in behäbiger Beschaulichkeit vom sicheren Fußbänkchen aus betrachtet hätte. Aber rascher Zuruf, Kosenamen und plattdeutsches Spielliedchen lockten mich aus meinem Bau. (»Putthühnerke, Putthoanerke –« sang Mutter, »flog öwerm Dach«, antwortete ich, »Putthühnerke flog hierhen«, – »Putthoanerke flog nach!« da stand ich schon neben ihr.) Ihr ermunternder Befehl rief mich zu kleinen Hilfeleistungen, noch ehe ich Zeit fand, ihm erwägend zuzustimmen, und kleine Klapse der runden Hände trieben mich zur Eile, wenn ich lieber feiernd zugeschaut hätte. Nicht immer blieb es dabei. Sehr lose war Mutters Hand! Am Tag ein paarmal ging ihr jäher Zorn über mich wie ein kurzes Frühlingsgewitter, gefolgt von rieselndem Tränenschauer und leidenschaftlicher Abbitte von meiner Seite und ebenso warmem Verzeihen von ihrer. Danach waren wir beide immer besonders vergnügt, ich selbst erfüllt und beschwingt von der brausenden Lebhaftigkeit, dem strahlenden Wortprunk, der mir aus der mütterlichen Zorn- und Versöhnungsrede entgegenfunkelte. Still bewundernd hörte ich zu, wiederholte es auch leise für mich. Mir selbst war dieses alles nicht verliehen, langsam wie zum Essen und Gehen war ich auch zum Reden. Eine lange Weile dauerte es, bis ich mit einem Satz im Innern fertig war, jedes neue Wort war noch dem Schulkind ein Hindernis.

Da stand nun die Mutter vor mir, so rasch sprudelten die Worte, so bunt kamen die Bilder, es war schöner als jedes Märchenbuch, wenn sie erzählte! Am allerschönsten, wenn sie von ihrer Kinderzeit sprach. Aber wie flink mußte man sein beim Aufpassen, um alles zu erwischen! Das kam nicht gleichmäßig, eins aus dem andern sich ergebend, wie meine alten Tanten erzählten oder der Vater, wenn ich am Sonntagvormittag mit ihm ausgehen durfte und er mir die Straßen zeigte, die Häuser und Speicher der Voreltern. Nein, bei der Mutter steckte all das Lustige und Bunte mitten in ihren Anweisungen für die Arbeit des Alltags. Wenn wir die nach

Sonne und Seife riechende Wäsche in den Schrank legten, dann erzählte sie von Urgroßmutters Gut, von den Wiesen, auf denen diese Laken von Mondschein und Insterwasser gebleicht waren. Sie ließ mich an dem rotgestreiften Beutelchen riechen, das ihre alte litauische Kinderfrau gewebt hatte, in dem noch Lavendel knisterte von der Rabatte im Küchengarten, neben dem Stall, in dem die Kuh »Vergißmeinnicht« stand. Diese Kuh war silberfarben. – Aber wenn ich noch über sie nachdachte und viel mehr von ihr erfahren wollte, dann war Mutter schon längst bei der anderen Schrankseite angelangt, ich hörte statt dessen einen kleinen Vortrag über das Einkochen von Apfelgelee und durfte die buntkarierte Leinenzüche zusammenlegen, durch die aller Saft gelaufen war, der dann bernsteinklar in runden Gläschen im Keller stand. Daneben auf der Horde lagerten die gelben und roten Winteräpfel, »Landkinder wie ich«, sagte die Mutter. Wenn ich abends heimlich mein Vokabelbuch unters Kopfkissen schob, dann lag immer solch ein runder Apfel darunter!
Als mir das einfiel, so deutlich, als schmeckte ich die kristallne Frische des roten Apfels in meinem heißen Mund, sah ich Mutters Gesicht vor mir, wie es sich im Schatten des hohen, tapetenbunten Bettschirms zum Gutenachtkuß über mich neigte – hatte es nicht einmal dicke, blonde Wellen und helle Locken über der runden Stirn, an den glatten Schläfen gehabt, hatte es nicht rosig geschimmert unter ährenblondem Zopf, wenn der Lampenschein beim Aufrichten darauf lag? War es nicht irgendwie anders geworden, auch in dem Blick der Augen? –
Durch den heißen Mittag lief ich immer schneller an den moosigen Lattenzäunen der Dorfstraße entlang bis zu dem niedrigen, weißen Haus, in dem unsere Ferienwohnung war. Am offenen Gartenpförtchen sonnte sich unser Mohrchen und lief wedelnd vor Freude mir voraus in die dämmrige Holzveranda. Am Tisch stand die Mutter, noch mit dem

leichten, schwarzen Schutenhut, wie sie eben von einem Spaziergang gekommen war, sie stellte gerade einen dicken Kranz aus honigduftenden Bachvergißmeinnicht in die braune Schale auf der buntgestreiften Wirkdecke. Verwundert, dann ein wenig erschrocken, sah sie mir entgegen, als ich so unerwartet, so erhitzt auf sie zulief.
Auf ihr ängstliches Fragen wußte ich nichts Rechtes zu erwidern und begann ganz ungewohnterweise zu weinen. Sie schob es auf die Hitze, bettete mich auf die Verandabank und holte mir ein Glas von dem eisigklaren Brunnenwasser aus der Tonne. Während sie eilig hin- und herging, mir wie einer Kranken ein Kissen ins Genick schob mit dem kalten Hausschlüssel darauf, mir das in Essigwasser getauchte Tuch auf die Stirn legte, sah ich ihr zu. Ganz deutlich erblickte ich meine Mutter, wie ich sie noch jetzt sehe, wenn ich an sie denke: in dem leichten, schwarzen Alpakakleid mit den feinen weißen Streifen und dem weißen Einsatz unter der altmodischen Granatbrosche. An den kleinen flinken Händen, die ein wenig rauh waren, trug sie nur ihren dünn und scharf gewordenen Trauring und um die zierlichen Gelenke wie immer die beiden schmalen Reifen, den schwarzen ihrer Mutter und das kleine Granatarmband, des Vaters erstes Geschenk. Als sie mich jetzt über den Tisch hin besorgt und freundlich anblickte, merkte ich, daß ihre Augen wirklich noch »blitzblau« waren, genau so blau wie die Vergißmeinnicht. Als sie sich nun zu mir setzte und den Hut abnahm, da sah ich, wie dünn und farblos-nachgedunkelt der straffe Scheitel war, wie klein der Knoten, den der spitze Schildkrotpfeil zusammenhielt. In der glatten Stirn, zwischen den starken, runden Brauen, waren tiefe Falten. Viel älter sah Mutter aus als die lustige, braune Jungensmutter. Hatte sie nicht einmal auch solch helles fröhliches Sommerkleid getragen wie jene? Hatte ich nicht auf ihrem Schoß gesessen, glänzende Rüschen und zarte Spitzen gestreichelt und mit

den kleinen goldenen Quasten einer zierlichen Uhrkette gespielt? Tauchte da nicht aus meiner Erinnerung etwas Dunkles und Quälendes auf, was irgendwie mit diesem Wechsel zusammenhing? Ich sah über und über blühenden Weißdorn vor tannenbestreutem Kirchhofsweg, ich sah einen schmalen, hellen Sarg durch Sonnenschein und Blätterschatten darüber schweben – ja, das war Andreas' Sarg gewesen, der Sarg meines jungen Ohms! Seit jenem Tag, der doch so lange zurücklag, trug Mutter das schwarze Kleid. Aber etwas anderes war da noch, schwerer und trauriger, an das ich jetzt nicht denken wollte, da ich mich an ihre warme Nähe schmiegte. Ich erzählte lieber von der jungen Mama. »Ach, das muß die Sophie gewesen sein!« rief Mutter. Auf einmal war es wieder das lächelnde, kindlich strahlende Gesicht meiner ersten Kindertage. Dann erzählte sie, wie von einem Zauberrütchen getroffen, zum erstenmal ganz ausführlich von jener Schulzeit, von den Großeltern in der Niederung, von dem alten Gutsfriedhof, auf dem sie alle schliefen, seitdem der Hof in ihren Händen war. Mit dem großen Zug ihrer Salzburger Glaubensgenossen waren sie hergewandert, aus dem Land der hohen Berge, wo der Sturm so brauste, daß es nötig war, die Dächer mit Steinen zu beschweren. Sehr schöne Pferde hatte es dort gegeben, fast so schöne, wie die hier in den Insterwiesen!

Wie tat es gut, so stillzuliegen und zuzuhören, wie Mutter von alldem erzählte – von jenem fernen Bergland, das sie nie gesehen und das doch in ihrem Herzen so lebendig, so farbig und wahr lebte, daß es mir zu etwas immer Vertrautem wurde. Wie deutlich sah ich das alte Gut vor mir, das kleine Haus der Ureltern mit den niedrigen Stuben, wo Andreas und sie in den hohen Federbetten beinah erstickten, so dick lag der Qualm der Kräuter darin, die Urgroßmutter unter heilkräftigen Sprüchen verbrennen ließ, damit keine bösen Geister den Enkelkindern etwas anhaben konnten! Und dann die Fohlen! Die geliebten kleinen Hietscherchen in den grünen Roßgärten, hell wie Wildpferde, weich und verspielt! Wie buntes Spielzeug hielt mir Mutters Hand Gebirg und Niederung, Mensch und Tier entgegen, es wuchs und wurde groß, es schien mir zu gehören wie die Speicher und Straßen meiner Vaterstadt, auf mich zu warten wie jene. Bald, bald würde ich hinfahren und alles sehen! –

Die Linden auf dem alten Gutsfriedhof in der Inster-Niederung haben viele Male geblüht, ehe ich auf dem stillen Kirchhof, wo Mutters Vorfahren schlafen, mein Ohr an den alten Stamm hielt und die wilden Bienen darin summen hörte, so wie sie als Kind. Nie wieder kam eine Stunde wie jene in der dämmerigen Veranda der Strandwohnung, als meine Mutter mir so heiter von ihren Kindheitszeiten in der alten Heimat erzählte. Aber wie viele andere Stunden kamen, in denen das Schwere und Dunkle, das ich damals so ängstlich zurückschob, immer mächtiger auf uns lastete: die Krankheit meiner Mutter, die ihr und uns zur Prüfung auferlegt war.

Es war der erste große Schmerz meines Lebens, als meine gute Lina müde und überwacht mir's sagte – nachdem sie mich zum erstenmal in der Sorge um meine todkranke Mutter für ein paar Stunden fast vergessen hatte –, daß mein ersehnter kleiner Bruder niemals mehr kommen würde! Ich sah, wie traurig die Großen mit mir waren, und so wunderte ich mich nicht, daß meine Mutter, als sie wächsern und müde von ihrem Krankenlager aufstand, gar nicht mehr mit mir spielen und singen wollte. So ging an mir der erste Schatten ihrer Schwermut schonender vorbei als an den Erwachsenen. Später, als diese dunklen Zeiten wiederkehrten, nahm ich sie, bekümmert und betrübt, doch als etwas Gewohntes hin und lernte es, auf ihr Vorübergehen geduldig zu warten. Auch klang ja zu mir am ersten wieder das Helle und Heitere ihres Wesens an, das mir selbst meine niederdeutsche Schwere nahm.

Auf unseren gemeinsamen Wanderungen, die wir in den Ferienzeiten am Strand oder auf dem Land unternahmen, wich fast immer der Bann ihrer Unrast und Bedrücktheit. Gras und Kraut, Baum und Getier hatte ich längst auf solchen Wegen durch meinen Vater kennengelernt – aber mit ihr zu gehen, war wie eine Entdeckungsreise mit einem landgeborenen Spielgefährten. »Lauf durch den Krengel! Da in der Koppel stehen Feldlinge!« Oder: »Sieh den Ameisenweg! Komm, wir müssen noch bis zu dem Ameisenhaufen!« – An einem gelben Apfel, den ein alter Kantor uns freundlich schenkte, wies sie mir an Blütenmal, Furchen und schwarzen Tupfen seine edle Art, oder ich lernte aus dem Gespräch zwischen ihr und dem Spender hundert nützliche Weisheiten über seine Bienenvölker und den hellen Lindenhonig. Es war meiner Mutter gegeben – die so leicht unter unserer Stadtverwandtschaft scheu und still wurde –, mit den Menschen hier draußen so warm, so schlicht und herzlich zu sein, daß es ihr immer gelang, auch den ältesten »Großvater« auf seiner Sonnenbank an der Hauswand oder die junge Schwiegertochter zwischen den Georginen und Sturmhutstauden am Gartenzaun mit einer einzigen freundlichen Frage zum Reden zu bringen. Immer neue, in ihrem Vertrauen bewegende Menschenschicksale habe ich auf diesen Wegen mit ihr erlebt.

Dabei kam mir schon früh eins zum Bewußtsein: die allen vertrauende Reinheit ihres Gemütes und das kindliche In-Gott-Ruhen ihrer Seele. Es war von derselben heiter-zuversichtlichen Art, wie der Glaube meines Vaters und ganz so klar und praktisch, ohne Nüchternheit, wie der eigentliche Kern ihres Wesens. Daran hatte die Erziehung der Frühverwaisten durch die Großmutter und eine Tante, die noch ganz unter dem Einfluß des Pietismus standen, nichts geändert. Nur in ihren Briefen – die sie auf altmodischen, elfenbeingelben englischen Bogen und am liebsten mit einer schneeweißen, leise quietschenden Gänsefeder schrieb – klang bei Mutter »die Sprache Kanaans« mit ihrer gesteigerten Gefühlsseligkeit leise an. Doch glaube ich heute, daß ihr diese Überschwenglichkeit nur als ein im Brief unerläßlicher Beweis von Höflichkeit galt, denn sie war frei von jeder Sentimentalität. Ihr oberdeutsches Blut sprach da wohl eben so stark wie auch bei ihrer Wahl unter den Schriftstellern. Als erste unter uns entdeckte sie Gottfried Keller. Ein trübseliger Krankheitswinter wurde für mich unvergeßlich hell und froh, weil sie, die schön und ganz natürlich vorlesen konnte (und der ich schon früh eine genaue Kenntnis der Mignon-Gedichte verdanke) – mir in dieser Zeit die »Leute von Seldwyla« und »Ursula« vorlas. Süddeutsch, weltoffen und volksglaubenbunt war auch ihre Frömmigkeit. Mit jedem Anliegen wandte sie sich an den Lieben-Gott, genau wie sie es gewohnt war, sich im Irdischen vertrauend an den so viel älteren Ehemann zu wenden. Sie blieb darin ein rechtes Landkind, daß sie in jeder Bedrängnis, in Wetter- und Seelennot, zuerst nach dem Gesangbuch griff. Die Bibel war für sie immer etwas Feierliches, nur für besondere Zeiten Bestimmtes. Ihr Wegbegleiter von jung an blieb der Thomas von Kempen. Bis zuletzt war die »Nachfolge Christi« ihr bester, zuletzt ihr einziger Tröster in den schrecklichen Zeiten, wenn sie es fühlte, wie ihr Leiden wieder Gewalt über ihr Gemüt gewann.

Dann, wenn allem Gebet und Ringen zum Trotz, all unserer hier so machtlosen Liebe spottend, der dunkle Schatten über sie sank, wenn auch ihre leichten, raschen Bewegungen langsam und schwerfällig wurden, blieb ihr noch zweierlei: ihr Fleiß und ihre Liebe zu Pflanze und Tier. Mit den kleinen, geschickten Händen fertigte sie dann unermüdlich die eigensten Weißstrickereien (niemals farbige), oder sie strickte und häkelte Spitzen, kunstvoll wie Zwergenarbeit. Wenn nichts mehr sonst sie freute, so war's ein kleiner Vogel auf dem

Futterbrettchen vorm Fenster, ein sanftes, zärtlich-dankbares Katzenmauzen, bei dem plötzlich wieder das kindlich-heitere Lächeln der Jugend ihr Gesicht überflog. Unverändert aber stand es darauf, wenn sie ihre Blumen besorgte. Sie hatte allezeit einen wahren Garten schönster und seltenster Blumen im Zimmer, die aufs dankbarste blühten, obgleich sie gar nicht ängstlich mit ihnen umging. »Man muß ihnen gut sein und sie anlächeln«, behauptete Mutter, »das lieben sie.« Es muß wohl so sein – denn all ihre Blumen sind mit ihr von uns gegangen, trotz Morgensonne und sorgfältiger Pflege. In ihrer Todeswoche starb ihr Liebling, die große Kamelie, nachdem sie, seltsam hallend, ihre letzte, einzige Knospe abgeworfen hatte. Es zersprang am Mittag darauf mit singendem Ruf die griechische Vase aus dunkelgrünem Glas, die sie besonders geliebt und nur für schönste Sträuße genommen hatte.
Der Weißdorn blühte wieder, wie damals, als wir ihren Bruder über den langen, tannenbestreuten Friedhofsweg trugen. Ein paar kleine Kinder liefen im Spiel dicht vor ihrem braunen Sarg her, und ich dachte, wie sie das freuen würde. Aber doch war es mir nicht, als ob sie wirklich darin lag – zu sehr hatten körperliche und geistige Krankheit das Antlitz gewandelt, das unter dem dünnen Schleier schlief, unter dem ich einst getauft war. So zart, so durchsichtig waren die kinderkleinen Hände gewesen, die ich über dem Totenkleid gefaltet hatte, das sie sich noch nach alter Sitte aus der vergilbten Seide ihres Brautkleids gefertigt hatte. Seltsam jung, seltsam zeitlos, urvertraut und doch fremd stand das stille Leidensgesicht vor mir, wenn meine Gedanken sie suchten – durch lange, lange Zeit. Es war, als könnte mein Herz nie mehr das lachende, junge Mutterantlitz mit den Augen wie Bachvergißmeinnicht zurückrufen, auch nicht das andere, freundlich und warm wie ein Hochsommertag, das mir unter dem schwarzen Strohhut so liebevoll fragend entgegenblickte. Es

war und blieb das wächserne Schlafgesicht auf dem weißen Kissen, das die Menschen das »ewige« nennen, und das doch das vergänglichste ist – der leidende Staub, den atmende Liebe verlassen hat.
Aber als schon mein alter Vater neben ihr auf dem lindenverwachsenen Stadtfriedhof schlief, führte mich mein Weg in den Süden, in das Bergland, aus dem ihre Vorfahren hergewandert kamen. Ein Herbsttag war es, klar und blau. Kühle hauchte von den schattigen Felswänden am Weg, unten in der Schlucht rauschte die Salzach, im klaren Sonnenschein glänzten die Zacken des Bergkamms darüber im flimmernden Neuschnee. Da trat an unsern Wagen die junge Förstersfrau aus dem Haus an der Berglehne. Sie trug ein kleines Kind auf dem Arm, und der Arm war rund und sonnverbrannt. Warm und rund, zierlich und fest war die Hand, die meine griff, schön, voll und gewandt sprudelten die Worte aus dem rosigen, lächelnden Mund. Helle Locken wehten unter den Zöpfen, die dicht wie Ähren über dem hellen Scheitel lagen. Augen, glänzend und blau wie der Herbsthimmel über den Felsschroffen, sahn mich an. – Da wußte

An der Gilge

ich auf einmal wieder, wie meine Mutter ausgesehen hatte! Wußte es, um es nie wieder zu vergessen und um dies Antlitz – nun wirklich ein ewiges – wiederzufinden in ihrem und meinem Land, in dem Lächeln jeder Mutter und in der klaren Bläue, der allgegenwärtigen, die meinem suchenden Blick Antwort gibt.

Meinen Salzburger Ahnen

Das dank ich Euch:
Das schwere Blut der Niederung,
Das sachte Blut von Werft und Deich,
Durch Euer Blut ward's wieder jung,
Und liederfroh und weich und reich!
Und nahm dies Land,
Dies herdenbunte Wiesenland
Um das der singende Seewind strich –
Als schmiegte einem Kinde sich
Schnobernd ein Fohlen in die Hand.

Das dank ich Euch:
Daß tief in meiner Seele Hut,
Lang, eh mein Aug die Tauern sah,
Der Fernerkette Bild geruht.
Im Morgenglanze stand sie da,
Viel strahlender als Wolkenflug
Über dem grünen Wiesental
Um das der Föhn die Schwingen schlug – –
O Bild, das Blut und Seele trug
So, wie es aus singender Brüder Zug
Der Ahne sah
zum letztenmal – – –

Ostpreußen

Mutter Ostpreußen! Einsame, am Brückenkopf
[Deutschlands
Abseits den Schwestern, den sicher geborgenen, wohnend,
Über alles von Deinen Kindern Geliebte
Sag, was wissen die Andern, Mutter von Dir?

Linkisch erscheinst Du und plump den gewandten
[Geschwistern
Weil Du rundlich und warm wie sich's für Mütter gehört.
Spöttisch sehn sie Dein Kleid, das ländliche, selber gewebte,
Grün wie Wiesen am Haff und dein blühendes
[Apfelgesicht,
Sehn verwundert darüber auf Deinem glänzenden Scheitel
Mächtiger Zöpfe roggenblondes Geflecht.
Heimlich lachen sie dann zu Deiner behaglichen Rede
Und böotisch klingt ihnen Dein uraltes Platt.

Doch für uns gibt es Keine Dir an Schönheit vergleichbar,
Klingt so lieblich uns nichts als Deine Worte ins Herz.
Denn mit ihnen, o Mutter, hast Du uns gestreichelt,
Riefst aus dem Kinderteich Du lockend die Seelchen zu Dir.
»Trautsterche, Duche, wo bist du? Putthänncke, Putthoancke,
Komm mien Schoapke to mi! Schusche Patrusche, schloap,
[schloap!«

Ach und wer singt wie Du, Du allezeit Fleißige,
Deren Spinnrad noch schnurrt, deren Webstuhl noch
[klappt?
Längst verklungen wie sie sind über der Weichsel drüben
Weise und Wort des Lieds, das Dir allein noch vertraut.
Nur vielleicht an der See, auf der Werft in den Poldern
[Ostfrieslands

Klingt in die stürmische Nacht von greisen Lippen solch
[Lied.
Nur im verschneiten Gebirg, hoch in den Tälern der Tauern
Flüstert die Ahne zur Nacht über die Wiege es hin.

Lerchenfröhliche Du, zum Lachen und Zorn gleich Rasche,
Jener kennt Dich nicht, der Dich nicht schelten gehört
Zwischen den Körben am Markt, auf dem schwankenden
[Bootssteg,
Auf der Bleiche am Zaun oder am prasselnden Herd,
Hei, wie flink geht Dein Mund, wer kann Dir sich
[vergleichen
Zwischen Oder und Rhein, gilt es mit treffendem Witz
Derb wie die Niederung ihn liebt, den Gegner zu schlagen
Bis im Gelächter der Groll auch des Getroffenen verfliegt.

Doch wie tischst Du ihm auf, ihn erst ganz zu versöhnen,
Kehrt er wieder als Gast in Dein wohnliches Haus.
»Nahwer, was bringen Sie Guts? Nehmen Sie freundlich
[vorlieb.
Beetenbartsch gab es heute, soll ich ein Tellerchen wärmen?
Oder wie wär's, wenn wir zwei den frischen Fladen
[versuchen?
Schön nach Kordemon schmeckt er, wie sich's gehört.
So ein Täßchen Kaffee dazu mit Schmand und ordentlich
Das hält Leib und Seel zusammen und wärmt. [Zucker
Hab auch schön heut eingekachelt, denn draußen
Graupelt der Schlackerschnee – paßt auf, wir stiemen
[noch ein!
Brütet im Garten denn nicht der blaue Vogel aus Schweden
Der bloß kommt, wenn um Lichtmeß selbst die Ostsee
[befriert?« – – –

Und dann kramst Du ihn aus, den sorgsam bewahrten

Schatz, den aus Urväterzeit Du wie ein Heiligtum hegst.
Aberglauben nennen sie ihn, die Jungen und Klugen,
Die an Flugzeug und Auto heften den Fetisch so gern.
Mühsam lernen sie wieder, was Möwe und Wildgans sie
Ewiger Zeichen Sinn, die Dir immer vertraut. [lehren
Denn Du deutest es Mutter, aus Deinem liebenden Herzen,
Kündet aus Flut und Gewölk kommendes Unheil sich an.
Krieg und Notzeit, Du hast sie gefühlt als fröhlich und
[feiernd
Noch Deiner Kinder Schwarm sorglos beim Fest sich
[vergnügt.
Aber Du zählst auch die Knospen der frostgetroffenen
[Bäume,
Aus den Tiefen der See lockst Du die Fische ins Netz.
Siehst wie ein Wasser das Korn, das tausendfältige, schälen
Wenn im verschneiten Weg Kutscher und Schlitten versinkt.

Keins von uns ist so hoch Mutter, und keins so geringe
Daß Du sein Kommen und Gehen nicht abträumst und
[ahnend umsorgst.
Treulich hütest Du schon den eben Geborenen
Daß kein Undererdschke ihn vor der Taufe vertauscht.
Weiß wie der Schnee der ihn wusch und groß vom
[ostrigen Regen
Stark wie ein Baum – so zeigst Du den Forschen, den Sohn,
In der Sylvesternacht beim Schreien und Rasseln der Stürzen
Dem Mariellchen am Zaun, daß frierend im Garten
Wartet von wo ein Hund bellt, und vor dem blühenden
[Vorspuk
Kreischend davonläuft als wäre es Bahre und Licht.

Denn du meldest den Tod mit hundert Zeichen den Deinen
Daß sie bestellen ihr Haus und getrost sich bereiten
Heimzukehren zu Dir, sanft schaukelnd im letzten Bette,

Das in den reinlichen Tüchern, den truhenbewahrten,
Zu Dir hinunter schwankt.
Die Anderen aber
Kehren nach Haus und Du trocknest schmeichelnd die
[Tränen,
Trägst ihnen auf zum Zarm was Küche und Keller nur
[hergibt.
Tröstest und nötigst zum essen und preisest den Toten,
Schlägst die Hände zusammen und singst –
Da singen die Gäste
Wieder lachend wie Kinder, deren Brüderchen wegging
Mit der Tafel zur Schule.
Draußen im Nachwind
Rauschen die Birken am Weg, es rauschen die Linden
Über den Hügel im Feld und über Kränze und Kreuze:
»Trautsterche, Duche, nu kamst Du!
Schusche, Patrusche, schloap en!« – – –

Der alte Laden

Abendlich still liegt der Altstädtische Markt. Von der Langgasse klingt Autolärm und das Klingeln der Bahnen herüber, Benzindunst steht in der schwülen Augustluft, und ein bißchen Pregelgeruch, aber der Japper oben über der alten Rathaustreppe glänzt in klarerem Licht aus der rosigen Front. Die letzten Gemüsefrauen bündeln ihre Weidenkörbe zu, um den Evabrunnen fegt ein großer Strauchbesen welke Blumen und Kohlblätter zusammen, an den Hauswänden lehnen schläfrig die zusammengedrehten Leinenschirme der

Stände. Fahl und neugeputzt stehen die alten Barockfiguren an dem Anbau des Turmhauses, aber nebenan in dem bunten Doppelhaus mit dem lustigen spitzen Giebel ist noch alles wie immer, so behaglich scheint das Licht aus der »Packkammer«, ein späte Kundin steht da noch, und wie ich sie da in dem Laden sehe, der so golden und bräunlich schimmert, so voller Fächer und verlockender Geheimnisse, wohlduftend nach allerlei Gutem, wie eine Wabe, gehen meine Füße ganz nachtwandlerisch zu dem Haus daneben. Doch auf der ersten Treppenstufe erwache ich wie einer, den ein böser Anruf aus dem Traum schreckt.
Die Stufen sind staubig, der Eisenbeschlag ist abgegriffen, Rost liegt wie ein roter Streif auf dem rissigen Rand. Seltsam verblichen steht rechts der Zuckerhut auf seiner Eisenstange, nicht so adrett wie seine zierlicheren Gefährten beim Nachbarn. Und die Glastür und die Fenster sind blind von Staub und Regen, schwarz gähnt Leere dahinter und Unordnung als ich hineinsehe, die Toonbank, die Kasse sind umgestürzt wie der Tisch in einem Sterbehaus. Ein Papierstreifen meldet den Umzug, und eine freundliche alte Frau ruft mir von unten etwas von Abbruch und Warenhaus zu. Ich gehe langsam die Stufen herab, so bedächtig, wie man hinter einem Sarg hergeht, und biege in die Wassergasse. Unten ist noch alles unverändert, die »Korb-Bürsten- und Seilerwaren« stehen noch ebenso eigen wie sonst in den kleinen Fenstern des Vorbaus, unter dem flachen Dach mit dem Wolmgitter. Aber das macht die Verödung oben nur noch trauriger.
Auf dem Streifen steht, daß die Firma weiter leben wird in einem anderen Stadtteil. Es wird gewiß ein wunderhübscher moderner Laden sein, spiegelnd vor sachlicher Nettigkeit, mit weißer Patentwaage, mit allerneuesten amerikanischen Kassen, mit zierlichen Stapelchen bunter Packungen von Oetkers und Maggis Waren und Pyramiden von Konservenbüchsen. Vielleicht ebenso verlockend für die bubiköpfigen

jungen Hausfrauen und ihre Kinder, wie dieser Laden einmal für uns war. Und für keinen mehr als für mich.
Seit dem Tag, wo ich zum ersten Mal an Minnas knatternder Schürze unter ihrem runden, schwarzlackierten Marktkorb diese Holztreppe heraufging, am Geländer angeklammert, denn die Stufen waren glatt von weißem Sand, als ich zum ersten Mal in dem Butterladen stand, der trotz des Markttages etwas Feiertägliches hatte, so blinkend sauber waren die Dielen und Toonbank, so blank gestrichen das Holzwerk der Gangelstube, so blitzend die Fensterchen daran, da wußte ich, daß es für mich nichts Schöneres geben könnte, als hier hinter dem Ladentisch zu stehen, aus den großen Eichenfässern die goldgelbe Landbutter mit der feuchten Kelle zu nehmen, sie in das blaubedruckte Pergamentpapier zu klatschen, auf den großen blitzenden Messingwaagen auszuwiegen. Wie beneidete ich die hübschen Ladenmädchen, die später da stehen durften, so appetitlich in ihren blaubunten Wirkkleidern! Alte Leute fanden, daß sie da nicht hingehörten. Ladenmädchen gehörten in die Fleischgeschäfte (»Loebel«, dachte man, und der Mund wässerte, man sah eine weiße Schürze über blaukariertem Rauscherock vor einer blitzenden Herdtür, aus der würzigster Duft quoll!) oder in die Meiereien – nicht in solch ein Geschäft mit der vielen Marktkundschaft.
Was verstanden Frauen von Kundenbedienen! Nun, gottlob, in die Packkammer kamen sie nicht. Nur ein männliches Wesen, und sei es der jüngste Stift mit roten Frosthänden und zu kurzer Jacke, konnte so rasch auf der Leiter auf- und abklettern, um die blaugepackten Motardkerzen, die echten Schweden, die hellblaugewürfelten Stärkekartons mit dem bunten Kätzchenbild herunterzulangen. Nur der gar nicht mehr junge »Junge Mann« wußte von Advent zu Advent, welche Sorte süße Mandeln und wieviel Gramm bittere wir und alle anderen Stammkunden zu der Marzipanbäckerei

benötigten. Genau so wußte er den Fahrplan aller Kleinbahnen bis in die Tilsiter Niederung und zu welchem Zug und auf welchen Bahnhof am Sonnabend die riesigen Pakete mußten, die die andern »Jungen Leute« mit so erstaunlicher Geschicklichkeit auftürmten, in das von jeder Hausfrau bewunderte und für Weihnachten aufgespeicherte braune Packpapier einschlugen und so schnell und kunstreich umschnürten! Man stand, den langen Besorgungszettel in der Hand, geschubst und geschoben in dem Gedränge. »Mir, junger Herr, zwei Pfund Pflaumen, ein Viertel Kaffee, zwei Stangen Zichorie.« »Herrke, öck möt tom Boahnhof, min Poochet!« – und vergaß zur Kasse zu gehen, so fesselnd war es, wie jetzt da die letzte Schlinge geknotet wurde, wie durch Hexerei der kleine Knebel drin verschlungen war oder der große Holzgriff mit der Firma.

Man schnupperte den Duft von Gewürz und Schokolade, man besah staunend die eleganten neuen Kaffeetüten mit der roten Rose, aus denen es nach Nachmittag und Hausbehagen roch, man spitzte die Ohren, mit welchem Namen das Mädchen mit dem Rüschenhäubchen angeredet wurde (denn jedes Mädchen wurde damals noch mit dem Namen der Herrschaft genannt in den Läden, wo man täglich oder am Sonnabend kaufte), man horchte, auf welches Gut die beiden ausnehmend großen Pakete mit dem langbärtigen Kutscher wanderten und sah zu, wie die dralle Landfrau und ihre drei Flachsköpfe die neuen gefüllten Himbeerbonbons versuchten, die ihnen so verlockend im Messingschüppchen über die Bindfadenspule gereicht wurden.

»Ei, etwas ganz neues, meine Dame, versuchen Sie – Quaker Oats!«

Es war eine längliche, apfelsinengelbe, blanke Schachtel, diese erste aller fertiggepackten ausgewogenen Mehlsachen, mit denen Amerika uns zu überschwemmen begann. Ihr Warenzeichen war das Bild eines alten »Freundes«. Quäker

waren es gewesen, die in ihrem Land zuerst mit der Kraft eines großen Glaubens und geeinter Brüderlichkeit sich für das ganz neue Prinzip des festen Preises einsetzten. Und bei uns im Osten, wo man noch so gern, mindestens am Marktstand, ein bißchen »dingen« wollte, waren es die ihnen ähnlichen Anhänger des Menno Simons, die dem auch bei uns und im Kleinhandel Geltung und Dauer verschafften, sich und dem Nächsten zu Nutz und Ehre. Gut war es, Taufgesinnte, in Euren Läden zu kaufen. Gut war es, Euch zu Freunden zu haben. Gut, mit Euch Vaterstadt und Geschick, Beruf und Friedhof zu teilen.
Die letzte Sonne ist fort vom Rathausdach, der allererste Karren mit Körben und leeren Tomatenkisten rollt nach der Schmiedestraße. Eine Katze miaut kläglich aus einem Keller. Vielleicht ist's eine Ururenkelin der gefleckten Kätzchen, die da oben an der Kellertreppe im Zwischengang unter dem rotglühenden Petroleumlicht schnurrten. Und vielleicht braucht auch ein Warenhaus solch geflecktes Kätzchen. Es wird ja auch da Mäuse geben.
»Gutes Kind«, sagt da eine Stimme sehr von oben her, die etwas heisere Sandsteinstimme der silbergrauen Madame Espérance geborene Jerosch, verehelichte Kiewe, »Du hast eine Ahnung von Neuzeit und Beton!«

Königsberg, Dominsel

Es ist eine Lust zu reisen

Zwischen Valentin und Matthias nimmt der Winter einen letzten großen Anlauf. Regengüsse, die schon wie Frühling rauschen, locken erste Schneeglöckchen an gelblichen Stielen und weiße Christrosen unter verfaultem dunklem Laub vor. Sie werden erstickt von feuchtem, dann immer kälter und fester werdenden Schnee. Und der Frosch dreht sich an Petri Stuhlfeier, dem alten Bauern-Frühlingsanfangstag wirklich unterm Eis, das blank und spiegelnd Teich und Fluß bedeckt. Aber dieser letzte Winter, der bei sausendem Ostwind zu unwahrscheinlichen Kältegraden klettert, pflegt bei uns im Nordosten der schönste zu sein: von einer unirdischen Helle, einer funkelnden Farbenpracht, die auch der blaueste Erntetag nur zum Abend erreicht.

Es ist eine Lust zu reisen, sagt mein ostpreußisches Herz, als ich in den Zug steige – wenn ich auch auf dieser Reise wie der große Florentiner auf einer aufregenderen immer wieder durch alle »Ringe« von Kälte und Hitze geschleift werde; das eben erst geheizte und sich bis zur Weißglut erwärmende Abteil wechselt mit dem Eiseshauch der zugigen Bahnhofshallen und aus diesem Höllentrichter bis zur irdischen Paradiestesttemperatur von Zentralheizungsröhren mollig durchwärmter Stuben.

Für die infernalische Hitze und verbrauchte Luft des menschenüberfüllten Waggons entschädigt die milchige Helle der befrorenen Scheiben, die geisterhafte, leise funkelnde Urweltflora der Eisblumen, entschädigen kleine, mühsam ausgekratzte Gucklöcher in diesem Farrenwald, die die entzückensten Miniaturen zeigen: ein rotgedecktes Haus am Waldhang, die Schneise zuckerweiß, die Kiefernkronen glühend scharlach und purpurlila, mit weißbepuderten samtdunklen Kronen vor einem Himmel, so blau wie Sumpf-Vergißmeinnicht. Ein Gehöft mit bunter Steinscheuer – tuschkastenbunt, mit dunkel-goldbrauner Miete, mit apfelsinengelben Holzhaufen, mit Riesenpappeln, pechschwarzes Spitzengewirr vor stäubendem Sonnenlicht auf einem Diamantenfeld, über das kornblumenblau der Schatten der Giebel, lichtblau der Gespensterschatten der Rauchfahne des Zuges läuft.

Ein paar schlittschuhlaufende Kinder auf dem glasblanken Eis des Grabens, in den blutrote Ellernwurzel hängen, über den eine Weide schon gelbgrüne Ruten neigt. Die Kinder tragen bunte Wolljacken und haben ziegelrote Gesichter, ein kleiner schwarzer Hund rollt oben im Schnee wie in einem dicken Zudeck. Ein Abhang, ein Bahndamm mit kleinen, runden Fichten, mit Wildspuren betupft, dunkelblau in dem von Sonnenlicht rosigen Schneelaken. Aber das kommt schon verschwimmend wie ein Traumbild hinter zart geädertem Nebel; so schnell schließt sich der Eiswald der Scheibe. Dann kommt der Aufenthalt in der fremden Stadt. Von allem, was als erfrischend gepriesen wird auf Reisen, sind es nicht die berühmten Orte, sind es ganz gewiß nicht die großen Kunstwerke – schönen Aussichten, Domfassaden und Venussen naht man als Deutscher stets im geistigen Parademarsch. Aber durch eine fremde Stadt zu wandern, wo das pflichttreue Gewissen zu keiner »Einstellung« auf Kunstgenüsse drängt, wo kein Geschäftsbesuch und kein Verwandtenkaffee wartet (so nützlich der eine, so erfreulich der andere zuzeiten ist), ist eine der vergnüglichsten Beschäftigungen, die alle Ferienfreude der Schuljahre wiederbringt – sei's in Berlin, sei es in Pillkallen.

Ich für mein Teil ziehe Pillkallen vor. Das fürchterliche Einsamkeitsgefühl, das einen im Menschengewühl der modernen Großstadt überfällt, die Weltuntergangsqual der entseelten Gesichter, die Jüngsten-Gerichts-Posaunen der Autoschlangen – all diese Höllenvisionen des menschenfressendsten Zeitalters begegnen einem nicht in ostpreußischen

Kleinstädten. Es pflegt leider Gottes immer noch als gebildet bei uns zu gelten – bei einem der heimattreuesten der deutschen Stämme – im Gegensatz zu unseren Brüdern auf unsere Provinzstädte mit mitleidiger Verachtung zu blicken. Von einer im Reich längst vergessenen mißverstandenen Begeisterung fürs Traulich-Mittelalterliche irregeleitet, pflegen wir es ihnen zu verübeln, daß sie nicht aussehen wie Goslar oder Rothenburg. Nun will ich nichts gegen die Romantik oder Schönheit beider Städte sagen. Auch ich bin dort herumgepilgert und habe mich daran gefreut. Aber wenn mir zugemutet würde, in einer dieser außen so reizenden, innen so unmöglichen erkergeschmückten Mausefallen zu wohnen, in diesen sorgengen Gäßchen, so ziehe ich jedes unserer Landstädtchen vor mit den riesigen Marktplätzen, den »festen Häusern«, den wehrtüchtigen Backsteinkirchen, mit den langen Straßenzügen, breit wie Plätze, lindenbestanden, in großartigem Schwung sich schließend wie ungeheure Säle, mit behäbigen Häusern, denen man ansieht, daß hier oben auch noch der kleine Handwerker Licht und Geräumigkeit in seinem Hause hat, in diesem Land, dessen breite Ströme, mächtige Seen, endlose Wiesen und Felder jede Nebengassen umschwingen, Weltweite und Lebensraum tragend in bürgerlichsten Alltag.
Die kleine Stadt, durch die ich bei unfreiwilligem Aufenthalt wandere, ist aus Gründen, die ich als Stadtfremde nicht übersehe, für Ostpreußen noch merkwürdig zusammengedrängt gebaut, auf einem Höhenzug über dem Flußtal, das jetzt dick verschneit um den schwarzblank gefrorenen, schön gewundenen Fluß liegt. Kirchenglocken gehen hallend durch die funkelnde Klarheit des Sonntags, Schlittenglocken antworten aus den weißen Straßen. Ein Trupp kleiner Jungen trudelt vor mir bergab; heftig bewegt vor Kälte und Vergnügen rudern kleine Pfoten in bunten Strickhandschuhen mit blauen, roten, grünen Sternen und Tulipanen auf dem Hand-

rücken vor mir durch das grelle Licht; wie ein freundlicher Gnomenschwarm führen sie mich bis an die alte Kirche, die schmal und hoch mit ihrem wuchtigen Barockturm über dem Marktplatz aufragt. Durch die Spitzbogenöffnung der Mauer dahinter sieht man in die schönste Winterlandschaft. Die Seitentüre steht auf, ich stehe in der lichten Kirche, der die verstaubten Barockaltäre mit dem übermäßigen Schmuck und den goldberockten, wohlgenährten, rosigen Engeln jene lebensbejahende Behaglichkeit geben, die man aus dieser Zeit nur in den ostpreußischen Kirchen findet. Die flacke Decke, sehr bunt bemalt, zeigt so ziemlich jedes interessante Geschehnis des alten Testaments, gruppiert um die Stammalten des Menschengeschlechts (Eva ebenso dezent wie ungewöhnlich von hinten gesehen). Auch die geschnitzten Chorgeländer sind bemalt, rechts alle Tugenden und links die Kurfürsten und Könige – himmlische und irdische Obrigkeit. Alles bunt, bewegt, freudig, diesseitsfroh wie ein altniederländisches Gartenbild, durchflutet von einem Sonnenschein, der schon ganz frühlingsmäßig glänzt. Unter dem prunkenden Hauptaltar das hübscheste Bild: der alte Geistliche, der ein paar junge Mütter mit ihren Taufkindern segnet. Das eine Kleine schreit wie ein Lämmchen, die dichte Flechtenkrone der jungen Mutter glänzt golden auf. Ein lichter, stäubender Schein, steht die Sonnenbahn um die ehrwürdige Gestalt vor dem Altar.
Wie den Blick durch ein Gartengitter auf ein Frühlingsbeet nehme ich dieses Bild mit mir in den rüttelnden, uralten Waggon mit seiner langjährigen Gebrauchspatina. Es kommen die Zollstationen von Tilsit und Pogegen – und wenn auch alles um mich in dem überfüllten Waggon quirlendes Leben ist und die handgreifliche Wirklichkeit von dunstenden Schafspelzen, dicken Wollschals, gefüllten Marktkörben, vergnüglichem Nachbarsgespräch um mich brodelt, bleibt in mir jenes quälende Gefühl spukhaften Alptraums,

das jedem Ostpreußen vertraut ist, der nur einmal durch den »Korridor« fuhr. Die Gesichter um mich – fast alles Frauen – zeigen den wunderschönen, ganz regelmäßigen Typus dieses Landes mit der breiten Stirn unterm blonden Scheitel, der kurzen, geraden Nase überm festen Mund mit den prachtvollen Zähnen, dem kindhaft klaren Blick der graublauen Augen – alle mit dem gleichen gesammelten und strengen Ausdruck, den ein schweres Arbeitsleben und eine das Leben ganz erfüllende Religiosität den Menschen verleihen. Es tut gut, zwischen ihnen zu sitzen, ihren Gesprächen zuzuhören, von ihrer Wirtschaft, ihren Kindern, von ihren Handarbeiten. Und ich schäme mich gründlich, als es herauskommt, daß ich meinen Halsschal nicht selbst gehäkelt habe und die graublauen Augen mich mit verwunderter Mißbilligung besehen.
Meine Rechtfertigung vor den Kunstfertigen, die noch heute so schön weben wie einst Penelope, wird mir nicht persönlich zuteil, sondern in höherer Instanz: als ich in Heydekrug in die neue Kirche komme. Sie ist erst im November eingeweiht und steht vorläufig noch etwas kahl über dem großen Platz an der breiten Straße. Aber wenn ihr heller Bewurf zu einem weichen Grau nachgedunkelt ist, wird es dort grünen und blühen, werden dichte Lindenkronen um sie rauschen. Eine Kirche hat Zeit und muß viel erleben. Was sie sehen wird, diese Kirche, weiß niemand, der heute in ihr betet ...
Sausend, schneidend, kalt weht der Ostwind durch die breite Deutsche Straße in Tilsit. So kalt er noch ist, in der hellen Vormittagsluft spürt man schon das Nachlassen des Frostes, und hier an der Straßenecke, unter Wind, ist die Sonnenwärme fühlbar.
Zwischen meinen Zügen bin ich hergekommen, um diese schöne Straße noch einmal zu sehen, deren großer Rhythmus wie der keiner anderen in Ostpreußen das starke

Lebensgefühl unseres Volkes wiedergibt. Sie folgt dem Lauf des Flusses, der hier zu sehen ist, hinter der sanftgeneigten Gasse – auch sie so verschwenderisch breit mit ihren Scheunen und Holzstapeln. Ein Mensch wandert auf der ungeheuren, weißen Eisfläche – so winzig sieht er aus. Von drüben her kommt er, von der weidenbestandenen Niederung nach dem lieben Tilsit, dessen Bild, langgestreckt mit den prachtvollen Türmen vor dem sonnenklaren Frosthimmel, er in sich aufnimmt, zusammen mit den riesigen Bogen der Brücken. Diese Stadt wirkt so festlich, trotz allem, was sie Schweres erlebt, mit ihren geräumigen Straßen, ihrem strengen Rathaus, ihren hübschen Kirchen, mit den vornehmen alten Bürgerhäusern unter den breiten Dächern, deren mächtige Fenster, edle Türen und wundervolle Treppen heute noch das Selbstbewußtsein des friderizianischen Preußen vermitteln, dessen Bürgertum wußte, daß Größe zu allererst einfach ist.

Sandweg bei Memel

Urheimat

Sie stiegen hier
An dieser Küste aus dem Schlittenboot,
Und glückverheißend hob ins Morgenrot
Vom Dünenwalde sich der Reiherschwarm
Und stieß wie Pfeile klingend, haffwärts nieder.

Das Land lag wie ein Tier
In Sumpf und Dickicht. Hob verschlafne Lider
Und starrte ihnen scheu und leer entgegen
Und ließ sie willig doch und dumpf heran.
Sie legten ihm den hölzernen Halfter an.
Da bäumte es sich auf im Frühlingsregen,
Tobend in seiner kochenden Ströme Wut
Die ihm wie Adern bei dem Brüllen schwollen.

Sie aber rangen keuchend mit der tollen
Zermalmenden Urgewalt und zwangen sie
Strömend von Schweiß, den sie leis witternd trank.
Und lockten sie mit Spenden und Gesang
Und mit Geduld.
Und zähmten sich und sie.

Bis ihrem Pfluge sich die Ackerschollen
So willig wie ein Fell zum Streicheln boten.
Bis ihre Kleinen sie wie Junge nährte
Und still bewachte ihre schlafenden Toten.

Und bis aus ihnen atmete dies Land
Und es aus ihrem Mund den eigenen Namen fand.

Truso

Der warme Feldwind fährt sausend über den Kamm des langgezogenen Schlangenbergs. Der Laubwald rauscht über den tiefen, lehmigen Schluchten, über Schlehdorn und Haselgebüsch. Die rosaroten Pechnelken, die zarten Grashalme neigen sich am Hang, Tau tropft vom breiten Blatt des Frauenmantels. Noch dampft die warme Feuchte des Gewitterregens aus dem langen Roggenfeld, das in silbrigen Wellen bis an die Wiesen unten wogt.

Dort, wo sie sich breiten wie ein grünes Tuch, glitzerte einst der Spiegel des Drausensees. Weitab liegt er nun, verschilft und verwuchert, von Vogellärm durchkreischt, mummelüberwachsen. Keiner weiß, daß er einmal bis hier reichte, daß hier die letzte Haffbucht war. Damals, als die Nogat noch anders mündete, als alle kleinen Flüsse und Bäche hier vor Wasser überquollen und ein uraltes Tief die Nehrung in der Mitte zerschnitt.

Damals, als die hochbordigen, bunten Drachenschiffe der Nordleute von Schweden, von Bornholm und Gotland über See und Haff kamen und stromauf in diese Bucht ruderten, wenn von allen Hügeln Kind und Kegel ihnen entgegenlief und ihre Wimpel grüßte, wenn ihr Kiel knirschend zwischen den andern Booten und Fischerkähnen auflief, wo Muscheln, Fischreste, Algen und Schilfreste auf dem nassen Sand dunsteten. Frauen sahen vom Netzeflicken auf, Kinder sprangen wie kleine Frösche hin und her – und überall schrie den Nordleuten wohlvertraute Rede entgegen. Denn um die breite Drausenbucht, auf allen Hügeln bis tief in den Wald, stand Germanengehöft an Gehöft, hingen die Grützkessel überm runden Herd und tranken Gotenkinder die Milch aus den glatten, dunklen Töpfen, die ihre Väter brannten.

Unter den tiefen Reetdächern ging mit dem lieben Alltagsgeklöhne von Haus, Hof und Nachbar und allem, was die immer wiederkehrenden Seeleute von zu Hause Neues berichteten über Tod, Geburt, Fischfang und Fahrt, das bunte Gefabel der Waterkant, der Skandinavien und Irenmeer vertrauter waren als Rom es ahnte. Das Rom der Cäsaren, von dem man sich Wunderdinge erzählte an dieser Bucht – ein Gespinst aus wilden Seemannsabenteuern, aus dem Geprahle fremder Bernsteinhändler, die auf dem Landweg vorüberzogen nach dem Eschengebirg oder den Stromschnellen und von einheimischen Prophezeiungen, Werwolfmärchen und Gespenstergeschichten.

Eine Mischung wurde das, an der man sich in der hellen Vorfrühlingszeit, wenn man untätig wartete, daß das Eis endlich aufging, und Nacht für Nacht die Schwäne und wilden Gänse, Kraniche und Reiher schreien hörte, schlimmer betrank als an frischem Birkenmet und altem Honigschnaps. Bis all diese blonden, starken, gesunden Menschen davon erfaßt wurden wie ein Bienenvolk vom Schwarmfieber.

Ein Mißwachsjahr, ein Hungerwinter mit wenig Schnee und spätem Frost, ein schlechter Fischzug unterm Wintereis – eine mit angstverstörten Flüchtenden gekommne Schauermär von gräßlichen, reitenden Feldgeistern von Osten, deren Pfeile töteten und die kleine Kinder fraßen –, und jeder nahm, was er fassen und schleppen konnte, und machte sich auf, auf den Weg nach Rom! Fort von diesen lehmgelben Schluchten, diesen Eschen und Eichen da oben, von den Stubbelweiden und dem Röhricht am Ufer, von Gras und Wassergeruch, vom Qualm der Räuchergruben, vom warmen Herdrauch und dem Grützkessel im kleinen viereckigen Haus unterm Reetdach – auf den langen, mühseligen, unaufhaltsamen Weg nach Rom! Um nie seine goldnen Dächer zu sehn, sondern in einer sonngedörrten Heide im Sand zu sterben, oder an einer rotblonden Suebin hängenzubleiben. Oder allen Wanderns satt, an einem römischen Meilenstein, einen Legionärsspeer in der Lunge, im weißen

Kalkstaub zu verrecken. Aber ein Teil kam doch über die schrecklichen Berge, geduldig und zäh, verlief sich wie Feldhühner in diesem gesegneten Land und nährte sich von seinem Überfluß.

Ja, da lag man nun, hieß nicht mehr Widimer, Widigers Sohn, sondern Vitellius – reich und dick geworden, alt und kahl, in der aus allen Ländern zusammengestoppelten Prunktracht auf einem römischen Bett im Terrassengarten unterm Feigenbaum, hörte den Brunnen in der Grottenwand rinnen und starrte mit den müden Augen auf die staubigen Rebengehänge unter den schwarzdunklen Ulmen und auf die weißen, breitgehörnten Ochsengespanne Etruriens. Wenn dann das Fieber die alten Glieder schüttelte, die Hitze den zahnlosen Mund dörrte, dachte man, wie frisch die Luft da oben im Norden über die Bucht wehte, wie es nach Schilf und Rohr und Fischen roch! Tausenderlei war wieder da: das Brausen des Wassers in dem bösen Frühling, als der alte Damm brach und die Leute unten aufs Strohdach krochen, ihre Schweinchen im Arm. Die alte Esche – wo gab's hier solche Bäume? – über des Urvaters Haus. Das Steingrab auf dem Schlangenberg, und wie der Ahn im letzten Jahr hinaufstieg am Frühlingstag, um noch einmal mit den erblindenden Augen Walvater strahlen zu sehn über Wasser und junger Saat! Und das letzte Sonnwendfeuer, knisternd, qualmend und sprühend unterm klaren, hellen Nachthimmel, über das man laut kreischend mit den anderen braunbeinigen Flachsköpfen sprang, toll und voll vor Lebenslust, sorglos, gesund – und daheim!

Jetzt hörte man nichts mehr von dort oben. Ausgelöscht schien alles mit der letzten Herdglut, die man im rissigen Topf über das endlose Land mitgeschleppt hatte und die gerade an dem großen See erlosch, der so an zu Hause erinnerte, wo man das kleine Jungchen begraben mußte, das der heiße Wind tötete, der über die Berge kam – die hohen Berge mit den Schneekappen, vor denen der Kleine sich noch im Sterben fürchtete. Sie hatten ihm den Topf mit der Asche in das Grab am Seeufer mitgegeben.

Und später, viel später, als schon die verfallne römische Villa so schön hergerichtet war, da hatte man dem alten Goten, der nach der Kaup zurückwandern wollte, um dort zu sterben, die schöne Kanne mit dem geschweiften Bronzehals mitgegeben und alles genau beschrieben, weil er versprach, am Drausen anzusprechen. Sie sollten doch wissen, die andern, die nicht den Mut fanden mitzuwandern, wie gut es einem hier ging. Vielleicht schickten sie wen herüber.

Aber nichts war geschehen. Der alte gepidische Bettler mit den vielen Narben hatte mal erzählt, da oben wäre es leer geworden. Nur ein paar alte Leute hausten noch in den Höfen am Wald, ein paar Junge lebten noch auf dem Hügel. Und drüben an der anderen Seebucht, auf des Oheims Hof, säße ein Aistenhäuptling. Aber der Alte schwafelte gern, wenn er Wein bekam – er hatte ein breite Schmarre überm Kopf. Und Thidarik, der sich da unten in der Villa bei Ravenna eingeheiratet hatte und Sätze drechselte wie ein Rhetor, tat taub, wenn man davon anfing, wollte nichts hören – als hätte man nie mit ihm zusammen im Drausen Stichlinge gefangen!

Ja, es war vorbei mit den Gotenhöfen da oben, mit dem lustigen Geschrei der breiten ostgermanischen Zunge von Boot zu Boot.

Aber allgemach rauschten die bunten Drachen aus Schweden und Haithabu wieder in die Bucht – nicht immer so fröhlich begrüßt wie früher, und auch nicht immer mit der Absicht, bloß friedlich zu handeln.

Aber sie alle kauderwelschten gewandt in der Sprache, die jetzt hier herrschte, und wunderten sich, was es so östlich von Jomsburg für merkwürdige Leute gab! Das sah aus wie man selbst, höchstens einen Schein weißblonder, ganz und gar

nicht wie die starrgesichtigen Wendenheiden oder Finnen – und sprach so was Gottverlaßnes. Aber dafür gaben sie gern und reichlich zum Besten an Essen und Trinken und wohnten in etwas, was einer Stadt ganz ähnlich sah, in festgefügten Balkenhäusern, in denen große kantige Herde qualmten. Geschickte Leute waren es, die hübsche Krüge mit dicken Ringwülsten brannten, sie webten bunte Bortengürtel, gut zum Mitbringen für die Frauen, und brauten einen Honigschnaps, von dem einem warm wurde vom Ilfing bis zur Schlei.
Wo man, alter Fahrensmann zwischen Haithabu und Witland, nun hier in der nach Kien und Räucherfisch, Fellen und saurem Bier stinkenden Kneipe des ausgerückten wendischen Klosterhörigen dem dicken Wulfstan – diesem alten Fuchskopf aus Birka, mit dem man hier bei dem verfluchten Ostenwind eingefroren war – Wunderdinge erzählte von Truso. Von den Häusern mit den Vorlauben, von den gastfreien Leuten, von ihren großen Metgelagen beim Häuptlingszarm mit Wildschweinsbraten, Elchleber und riesigem Hecht am Spieß. Von der schönen, weißblonden Häuptlingstochter mit dem vor Alter rotbraunen Bernsteinhalsband, wie sie an der in aller Herbstglut steifgefrornen Leiche ihres Vaters klagte. Von der großen Pferdehatz um die verschilfte Südbucht des Drausen, wo alle Enten, Wildgänse und Möwen auffiatternd kreischten, als ihre Brüder die Schöne samt Bernsteinschmuck, Pferden, Haus und Hof verloren.
Ja, schön ist's da oben! Wulfstan, alter Räuber, Bruderherz, fahr nach Truso.
Und Wulfstan fuhr nach Truso.
Wieder nach Haithabu zurückgekehrt, traf er dort – nicht in der Kneipe des Klostersassen, sondern in der Gästestube der Burg, wo die Tonampel ihr Flackerlicht über die vornehmen Schiffsführer der Friesenbischöfe und der Sieben-Königreiche streute, wo man Äle trank aus Trondheimer Silberbechern – den Othar. Othar, der im finnischen Weißfuchspelz

überm gestickten Seidenhemd, mit den roten weichen Stiefeln und den großen silbernen Ohrringen sehr viel mehr nach einer Byzantinerexzellenz aussah als nach des ehrgeizigen König Alfreds ehrgeizigstem Kapitän.

Aber dieser schlanke Angelsachse war freigebig wie ein Prusse. Er ließ Äle bringen und süßes, schwares Bremer Bier, schenkte es zusammen in die Silberbecher, lehnte sich in den Wolfsfellsessel und lächelte ermunternd mit den bartlosen dünnen Lippen, daß man seine langen Zähne sah.

Immer mehr wollte er von Truso hören, über diesen einfachen Weg:

»Immer mit dem Westenwind an Wendenland hin. Am Feuer von Jomsburg ein bißchen nach Norden, dann weiter, bis du die Salzpfannen von Kolberg rauchen siehst. Dann kommen Waldberge und du mußt einen großen Bogen um den Dünenhaken machen, zu der Bucht von Wislamünde. Das ist noch ein Fluß – bei Sankt Olaf! Und dann gleich hinterm Aistenmeer, da liegt Witland. Fahr hin und sieh! Haus an Haus – eine richtige Stadt. So was sahst du nicht bei deinen Pelzfinnen. Nette Leute, forsche, lustige Leute. Und gastfrei – ei! Sehr tapfer, wenn sie wütend werden. Die werden deinen versoffenen Liten schön auf den Kopf spuken, wenn ihr ihnen so großspurig kommt – da hat dein Alfred nichts zu sagen! Die werden noch mal mit ihren dicken Schiffchen zu euch fahren, wenn's Thor will« – – –

»Wie Gott will!« murmelte Othar, bekreuzte sich, schenkte wieder Äle ein und beugte sich vor, daß die Ottermütze vom schmalen Sachsenkopf glitt. »Erzähle weiter, Wulfstan! Fünfhundert Meilen lang ist das Aistenmeer?«

Und Wulfstan erzählte mit immer schwererer Zunge, bis der Schlaf ihn übermannte. Aber Othar lag lange wach unter den Felldecken in seiner Kajüte und dachte an alles, was er über Truso gehört und wie er seinem König Alfred davon berichten wollte.

Der Tag kam bald, daß Othar erzählte. Aber nicht so wortwörtlich im biedern Kapitänsplatt, sondern in der wohlgesetzten Rede des Hofmanns, der in der Königshalle aufwuchs. Der kleine Schreiber mit der Mönchstonsur auf dem breiten Waliserschädel schrieb alles sorgsam auf und malte das Pergament schön aus mit Mennigrot und leuchtendem Blau, mit Grün und Gold, mit verschlungenem Rankenwerk voll Drachenhäuptern und Meerweibchen, daß es lustig zu lesen war für die jungen Sachsenedelinge, zu Seefahrt und Heerzug lockend.

Aber es ist niemand mehr nach Truso gefahren von König Alfreds Hof. – – –

*

Als die deutschen Ordensherrn in den weißen Mänteln mit dem schwarzen Kreuz an die verschilfte, verwucherte, vogeldurchkreischte Bucht des Drausensees kamen, stand nichts mehr am moorigen Ufer, war der Wald vom Hügel hinabgewandert über Schluchten und Hänge, verspannen Hopfengerank und Brombeerwildnis alte Wege.

Nur auf der Weklitzburg im Nordosten saß noch ein alter Prussenhäuptling mit seinen Söhnen – langen, ranken, hellblonden Jünglingen, von denen ihre Leute sagten, daß sie von den ersten Göttern auf dem Schlangenberg stammten. Die wollten nichts von Kreuz und Unterwerfung wissen und wehrten sich noch auf ihrem Hügel, als im Hockerland schon alles wieder gemächlich hinterm Holzpflug schritt. Bis dann nach verzweifeltem Kampf Herr und Knecht, Pferd und Hund untergingen in Blut und Brand.

Siedler kamen von Westen, Deiche wurden aufgeworfen, Ziegel gebrannt, Sumpf wurde Wiese, Brache Acker. Weitab lag der Drausen. Weitab das Haff. Ein fester Sandwall, gürteten es die Nehrungsdünen. Im Norden lag das neue Tief. Klein und verschilft, verwachsen und vogeldurchschwirrt, verlandete der Drausen.

Aber einmal, in einem März, als die Wildgänse schrien, da brachen die Nogatdämme und das Wasser flutete ins Land, bis an die Lehmhänge des Schlangenbergs. Bis dort, wo es einmal gespült hatte, als es die bunten Drachen der Nordleute getragen hatte.

Über den Kamm des Hügels, durch die verwachsenen Wipfel des Laubwalds fährt der warme Sommerwind. Die rosenroten Pechnelken, die Grasrispen neigen sich und geben die dampfende Ackerfurche frei. Scherben blinken darin, noch vom Gewitterregen gefüllt. Blanke, schwarze und rötliche Topfscherben mit zierlich geritztem Muster unterm Wulstrand. Aber verflogne Eschensämlinge und winzige Eichen sprießen aus dem lehmigen Boden und Brombeergewirr greift herüber und will Furche und Scherben bedecken.

Steilküste am Frischen Haff

Henning Schindekopf

Marienburg

Um die Hochburg der deutschen Ritter klang
Wie Schlachtruf der Nogat Frühlingsgesang,
Als Winrich Kniprode am Ostertag
Das Gebet für die Brüder im Felde sprach.
Da ritt ein Bote durchs Nogattor:
»Hochmeister, mich schickten die andern vor,
So lassen sie sagen: der Deutsche Orden
Ist Herre des Herzogs Kynstudt geworden.
Litauen ist still. Der ihm jäh und jach
Des Aufruhrs Sporn in die Weichen stach,
Herzog Kynstudts Fuß trägt klirrende Ketten.«
Sprach Winrich: »Wir wollen den Wilden betten
In tiefstem Verließ, unter gurgelndem Wasser.
Doch sage, wer band den Christenhasser?
Wes Hand war so hürnen, daß das Gebiß
Des wütenden Wolfes sie nicht zerriß,
Sprich, Bruder Henning, wer war der Mann?«
Henning Schindekopf sah den Meister an,
Henning Schindekopf sprach:
»Öck sülvst!«

Königsberg

Zu Königsberg in dem Ordensschloß
Wer ist Herr über Ritter und Troß,
Wer sitzt im Remter zu oberst beim Mahl,
Stählern der Panzer, die Glieder wie Stahl,
Eine Bauernstirn und ein roter Schopf?
Das ist der Marschall Schindekopf,
Marschall Schindekopf, vor dem in Schweigen
Komtur und Trappier sehr tief sich neigen.

Hochmeister Winrich Kniprode und er,
Sie lenken das Land, sie leiten das Heer.
Marschall Schindekopf trägt den Stab mit Frieden,
Neun Jahre des Segens sind Preußen beschieden.
Auf den Feldern, die Kynstudts Hengst zertrat,
Wogt hoch um Walpurgis die Wintersaat.
In den Werderwiesen weiden die Pferde,
Mit läutenden Glocken geht die Herde,
Der Marschall reitet langsamen Schritt,
Die Pflüger singen, sein Herz singt mit:
Stolz wählte ich mir den Wappenspruch,
Als Winrich, mein Herr, zum Ritter mich schlug,
Stolz sprach ich es damals am Hochaltar
Vor der adlig geborenen Brüder Schar,
Aber stolzer sag ich es heute zu mir,
Wer gab diesem Lande des Friedens Panier?
Sag's dir, Henning Schindekopf!
Öck sülvst!

- - - - - - - - - - - - - - - - - -

Schrecken lief um auf allen Wegen:
»Litauen steht auf! Es zieht uns entgegen,
Herzog Kynstudt führt wieder sein Volk zum Streit,
Herzog Olgerd reitet ihm zur Seit,
Auf falben Rennern mit raschen Pfeilen
Naht Hunger und Tod. Entflieht mit Eilen!«
Bei brenndender Dörfer Feuerschein
Drängte das Volk zum Stadttor hinein,
Und sie standen viele hundert Seelen,
Im Schloßhof bei rotem Kienspan-Schwelen,
Dreschflegel und Sensen trugen sie,
Vor dem Marschall beugten sie das Knie:
»Marschallk Schindekopf, Bauernsohn,
Du zwangst den Werwolf einmal schon,

Würgend zieht er wieder durchs Land
Vom selben Wurfe noch einer erstand,
Sie dürsten nach Blut, wie neue Klingen,
Von deinem Tod ihre Lieder singen.
Marschallk, wirst du gegen sie gehn,
Marschallk, der Bauer wird zu dir stehn!«

Rudau

Über Rudaus Walstatt flog schattend die Nacht,
Verbrandend rollten die Wogen der Schlacht,
Weich fielen die Flocken, weiß und schwer
Über das sterbende Litauerheer.
Doch aus dem Lager des Christen klang
Kein Reiterlied, kein Lobgesang.
Schweigend des Ordens Gebietiger stunden
Um Marschall Henning, den Todeswunden.
Rot sein Mantel im Winde schlug,
Seine Stirn eine purpurne Binde trug.
Aufschrak er vom Schlaf: »Ist die Schlacht geendet?«
Und Winrich Kniprode drauf, abgewendet:
»Sie ist geendet. Die Nacht kommt heran.«
Langsam fragte der sterbende Mann:
»Meister, wes ist der Sieg? und der Greise
Sprach: »Wir siegten.« Er sprach es leise.
Und lauter dann: »Mein Henning, merk auf,
Schneewolken zogen um Mittag herauf,
Den Himmel verbarg es schwarz und dicht.
Die Brüder droben wissen es nicht
Daß der Orden Ruh fand für alle Zeit.
Der Ritt dorthin ist beschwerlich und weit.
Wer wird es Hermann von Salza sagen,
Daß wir Olgerd und Kynstudt geschlagen?« –
Sprach Henning Schindekopf:
»Öck sülvst!«

Die Linde

Der Frühlingshimmel ist hell, beinah farblos. Unendlich, alles erfüllend, alles auftrinkend mit seinem flimmernden Licht, liegt er über der Ebene, über den noch farblosen, fahlen Wiesen, den braunen Feldern, dem zarten Grün der Wintersaat. So klar ist das Licht, daß die Kirchen der fernen Dörfer zierlich wie aus dunkelblauem Papier geschnitten darin stehen. Die weißgekalkte Wand eines Gehöfts leuchtet hinter rötlichbraunem Gebüsch, über dem eilig ein Flug Sprehen hin und her spielt, hinter spielzeugkleinen Scheunen und roten Dächern schimmert ein kobaltblauer Streifen, das Haff. Der Wind braust über das Feld, drückt die Stämmchen der jungen Pflanzung, kräuselt den Teich in der kleinen Talmulde mit stahlgrauen Wellen. Der Wind riecht nach See. Er fährt hügelauf. Ein sanftes, orgelndes Gedröhn geht durch den Garten um das Gutshaus. Die Tannenspitzen wiegen sich, die großen Äste der Kastanien bewegen ihre glänzenden, braunen Knospen, die zarten Haare der schneeweißen Birke wehen, Haselkätzchen schaukeln im Unterholz, ein paar welke Buchenblätter rascheln. Über die weiße Birke, über Tannen und Kastanien ragt ein Wipfel in das helle Licht. Wenn der Windstoß weiterbraust, zittern da oben noch zierliche Lindenäste nach. Ein Wipfel ist es, riesenhaft, breit und ausladend, triumphierend wie eine Kirchenkuppel. Das ist die alte Linde, die »Große Mutter«, Wahrzeichen und Schutzgeist des Guts.

Etwas höher steht sie als die Kastanien und Birken. Ihr uralter Stamm mit den tiefen Rissen, nach Westen zu mit grünem Moos bepelzt, wirkt schlank und fast niedrig gegen die ungeheure Krone mächtiger Zweige, die wieder wie einzelne Stämme aus ihm aufsteigen. Die Sage, die bei uns von all solchen Bäumen geht, daß sie mit der Krone eingepflanzt sind, geht auch von dieser Linde. Aber sie sieht nicht aus, als

ob Menschenhand je ihren Stamm einsenkte. Nie auch hat sich Menschenhand an ihr, der Erdgeborenen, vergriffen. Kein einziger Ast ist je gestutzt. Der gutgemeinte Frevel, der sich an unsern schönsten alten Bäumen verging, von den noch im Volk als halbheilig verehrten die mächtigsten Äste in blinder Wut »zur Verschönerung« absägte, daß das lichte Baumblut aus den riesigen Wunden troff – an diese Linde hat er sich nie gewagt. Das Priesterliche, das sie umwittert, ließ niemand an sie heran als spielende Kinder. Nun haben ihre Zweige sich wieder zur Erde geneigt, haben Wurzel geschlagen, haben neue Zweige getrieben. So steht sie, mächtig verankert in ihrer Mutter. Im Sommer ist sie ein Tempel voll grünem Laubschatten. Das dunkle, großblättrige Laub der wurzelnden Zweige umwogt sie wie ein Gebüsch, über dem die große Glocke der alten Stämme steht mit dem krausen Laubgewirr der kleinen Blätter, dem silbrigen Reichtum der Blüten, von Bienen dröhnend in einem einzigen langgezogenen, schwingenden Ton, als ob der betäubende, süße Duft der Blüten zum Klang wurde. Schön ist sie im Sommer, schön im Herbst, wenn die zarten Äste sich schon hinter dem dünnen Laub zeigen, die goldnen Lindenherzen langsam niedertaumeln durch die nordisch blaue Luft.
Aber am herrlichsten ist sie in der Osterzeit. Jeder ihrer Äste ist klar erkennbar, die wundervolle Struktur dieses Gezweigs, die »Gottgedachte«, von den mächtigen Zweigen an, die sich wölben, neigen und aufrichten wie riesige Schlangen, bis zu den zierlichen, von quellendem Saft schon rötlich schimmernden kleinsten Zweigen mit den festen, glänzenden Blattknospen, die sich ganz leise im brausenden Wind schaukeln. Fahl wie ausgebleichtes Heu scheint der Rasen von weitem. Aber unter dem Schutz der Linde sieht man es überall sprießen: haarfeine Grashälmchen, Gänseblümchenrosetten, Gierschblättchen und zahllose winzige Lupinenpflänzchen, rührend wie Zwergenhändchen.

Der Wind verhallt. Für ein paar Augenblicke ist es still. Nur das leise Sausen der nachschwankenden Zweige ist zu hören. Und in der plötzlichen Stille klingt süß und perlend hell der Ruf des Hänflings, dem wieder ein Ruf antwortet. Leise und lauter aus dem Gebüsch ringsum, rieselnd wie Frühlingsquellen, klingen andere Vogelstimmen. Erdhaft und ewig wie sie jauchzt von der Wiese her das frohe Geschrei der spielenden Jungen.

Ein Zittern läuft durch die Lindenzweige, wie Lächeln über ein Gesicht geht. Weise ist sie, die Uralte. Sie war jung, als die letzten Wikinger sich schlafen legten in der warmen Erde, in die ihre Wurzeln greifen. Sie sah die Weißmäntligen ins Land kommen, sie hörte die erste Kirchenglocke im Samland gehen. Schneeflocken stäubten durch ihre Krone, als das Getöse der Rudauer Schlacht zu ihr herüberklang. Die helle Wintermorgensonne schien auf ihre beschneiten Zweige, als man Henning Schindekopfs Sarg dort auf der Landstraße vorbeitrug. Sie sah Eggen und Pflüge, hörte Sensendengeln und Erntefestlärm, Hochzeitslieder und Grabgesänge. Sie sah buntbebänderte Richtkronen auf längstvergessenen Dachfirsten. Der Brodem der bunten Herden stieg zu ihr auf, Fohlen trabten an ihr vorbei, kleine Flachsköpfe krochen auf ihren Zweigen umher und schlugen mit den nackten Hacken an ihren Stamm, wuchsen auf zwischen den Pferden und Kühen, dem Feld und der Wiese, küßten sich im Abendschimmer, setzten wieder kleine Flachsköpfe in die Welt, wurden alt und arbeitsmüde und legten sich zu den Wikingern in die gute, warme, roggenwogende Erde. Das Getöse einer Schlacht klang wieder von der Deime her, die Linde bebte wenn der Boden unter ihr schütterte, wie in den Qualen einer schweren Krankheit. Sie fühlte die dumpfe Angst, die Angst der Kreatur, die mit ihr gelebt, das Bangen der letzten Deutschen hier oben in dem Land zwischen Haff und See. Sie stand, unberührt, unveränderlich knospend, blühend, immer sich erneuernd, immer noch wachsend, tief verankert in dem Schoß der Erde, durch ihren Anblick tröstend wie eine Mutter, feierlich wie eine Kirche, unerschöpflich quellend und vergehend wie ein Volk, der heilige Raum, das Wahrzeichen des Guts, sein Stolz und Schutzgeist – die alte Linde.

Sturmnacht

Es führte an ihren Toren
Drei Wappen die alte Stadt –
Ich bin auf der Insel geboren,
Die den Arm im Schilde hat.

Er hebt aus den grünen Wellen
Eine Krone empor ans Licht –
Manch Wappen sah ich prunken,
Ein schöneres sah ich nicht.

Tauwind jagte die Wolken
Über Maste und Giebeldach –
Da sangen die Sonntagsglocken
Des Doms meine Seele wach.

Nun schrecke ich auf in dem fremden
Land bei des Weststurms Wehn,
Mir ist, ich hörte die geborstenen
Glocken wieder gehn.

Mir ist, als hebt aus dem Dunkel
Ein Arm eine Krone empor –
Das bist Du, ruhmgekrönte
Heimat, die ich verlor.

Cranz

An dieser Bucht hab ich als Kind gespielt,
Der Sand war sonndurchglüht und weich und warm.
Geborgen wie in einer Greisin Arm
Lag ich am Hang der Düne.

Drunten hielt
Schnaubend der Brandung schäumendes Gespann.
Auf flockig weiße Mähnen schien das Licht.
Und manchmal sahn, mit triefendem Gesicht
Grünäugig mich des Meeres Töchter an,
Und warfen Muscheln an den Strand und Tang
Und duckten jäh mit schrillem Möwenschrei.
Der feuchte Seewind strich an mir vorbei.
Ich aber lag geborgen an dem Hang
Der weißen Düne. In den Sand gekrallt
So wie ein Kätzchen liegt im warmen Schoß.
Und wohlig blinzelnd und gedankenlos
Spürt ich, sie wacht –
Heilig, vertraut, uralt.

Samlandküste

In Nidden

Knucks'che

»Omche, darf ich all' aufstehn?« – »Aber nei, Knucks'che, die Tantsch geht ja erst melken!«
»Omche, darf ich nu aufstehn?« – »Aber i wo, lieg man still! Die Dams schlafen noch!«
»Nei, Omche, die sind all baden gegangen. Ich möcht auch anne See!« – »Bist wohl'n Badgast geworden, weil wir bei der Tantsch auf Besuch sind? Schlaf man noch, auf Besuch kann man sich ausschlafen!«
»Aber ich will nich schlafen, ich will aufstehn!« – »Na, denn steh schon auf, du Biswurm! Aber laß mich man liegen. Ich drussel noch'n biß!«
Die alte Frau dreht sich noch einmal nach der rosengeblümten Wand und zieht das Zudeck – ein weißbezogenes, kleinblaukariertes – bis über die Ohren unter den grauen, immer noch vollen und krausen Scheitel und wühlt sich behaglich in die hohen, prallen Kissen. Im Zimmer burrt eine Wespe und fliegt gegen das nur zur Hälfte mit einem grauen Tuch verhängte kleine Fenster und findet nicht durch die halboffne Winterraute in den Obstgarten, auf dessen taunassem Gras und noch grünlichen Äpfeln die Morgensonne blinkt. Knucks ist währenddessen aus dem Bett geglitten. Eigentlich ist es bloß der alte Sessel des Großonkels mit einem etwas wackligen Polsterstuhl verlängert, aber dicht zwischen Schrank und Kommode geschoben, schläft es sich da sehr gut unter Tante Minnas dicken Kissen. Nun steht sie schon beinah fertig vor dem birknen Bettpfosten.
»Omche, flecht mal meinen Zopf!« – »Hast ja noch gar keinen –«, die Stimme der Altchen klingt ganz erstickt aus den Federn und sehr schläfrig. »Aber ich möchte doch einen haben! Die Ulla hat auch einen!« – »Bist ja noch gar nich gekämmt.« Die Altchen hat sich stöhnend aufgerichtet. »Und das nennst gekämmt – komm näher, gib'n Kamm her!«

»Au, au, Omchen! Au!« – »Halt still, schrei nich so! Was soll die Tantsch denken, und die Dams – –«

»Die sind doch baden. Ich will auch baden!«

»Na ja, das könnt dir so passen! Ganz allein und denn 'ne Well übern Kopp, und denn haben wir kein Knucks'che mehr –« Die Großmutter sinkt zurück aufs Kissen, ihre Augen fallen zu und die Kleine ist schon aus der Tür. Sie kuckt aus dem Flur nach dem Zelt neben der Lindenhecke. Der Kaffeetisch ist gedeckt, aber die beiden Damen, die Sommergäste der Tante Minna, sind noch nicht dort. Auf der buntdurchwirkten Decke steht unter der gestrickten Mütze schon die Kaffeekanne und das Körbchen neben der Butterdose. – Alles, Brot und Brötchen und Milchkännchen sieht so verführerisch für Knucks'chen aus wie die Honigdose für die herumbrümmelnden Wespen. Aber man kann nicht wissen, ob Tantsch nicht in der Nähe ist. Frau Minna hat eine lose und leider recht breite Hand. Richtig, da kommt sie schon. Sie hat der kranken alten Dame oben im Nebenhaus Frühstück gebracht und steckt Knucks'che gleich eine Scheibe Marmeladenzwieback zu, die Kranke hat wieder bloß wie'n Sperling gegessen. Knucks'che erbt reichlich von dem guten Frühstück an dem schmalen Tisch mit dem blaugeblümten Wachstuch am Küchenfenster, der sommerüber Frau Rodmanns Eßzimmer ist.

Tantsch trinkt im Stehn die Reste von dem Bohnenkaffee der alten Dame aus einem zerplatzten, aber als Andenken teuren, buntgeringelten Krus. Gleich muß sie die Zimmer der Badegäste aufräumen und der Oma ihre Semmel – kleingeschnitten – mit einem großen Topf Milch ans Bett bringen. Aber vorher freut sie sich noch ein bißchen an ihrem kleinen Besuch. »Mein Kruschelkoppche!«, sagt sie zärtlich und streicht über das blonde wirre Haar, von dessen Zickzackscheitel das kurze Zöpfchen absteht. »Hat die Omche geflochten«, mummelt Knucks'che stolz aus dem Kaffeetopf heraus. »Drum!« meint die Tantsch und flicht das Zöpfchen auf und wieder fest ein, nachdem sie mit ihrem Seitenkamm – denn auch sie hat das gleiche widerspenstige, lockige Haar – drüber gestrichen hat. Dann geht sie in das kleine Wohnzimmer. Früher saß da der Onkel auf dem steifen kleinen Sofa, drauf die Tantsch jetzt im Sommer schläft, und jetzt aus dem Nähkorb auf der Fensterbank neben dem Geranientopf ein hellrotes Seidenbändchen holt. Das wird in Knucks'ches flachsblondes Zöpfchen eingeflochten und gibt sogar noch eine kleine Schleife.

»Fein!« sagen beide aus einem Mund. Knucks'che stopft noch schnell den Rest des Rosinenstritzels in den Mund und rutscht schon von dem hohen Holzstuhl. »Na, wohin?« fragt Frau Minna. »Zum Krill?«

Knucks'che schüttelt den Kopf. »Der pfeift ja noch nich. Zur Ulla. Und denn spazieren!«

In der Tür sieht sie aber noch einmal zurück. Das tut sie jedesmal, als ob sie weit fort geht und sich vorher alles deutlich einprägen muß: die kleine heiße Küche mit dem Drahtfenster, den braunen breiten Herd mit dem immer simmernden, großen Teekessel, das Bort mit all den Schüsseln, Näpfen und Töpfen, die Bank mit den beiden weißblauen Wassereimern und den bunten langen Handtüchern darüber. Und im Nebenzimmer den runden Tisch vor Onkels Sofa, den alten Teppich, auf dem der graue kleine, vor Alter steife und immer schläfrige Wurzel liegt, der seit Onkels Begräbnis gar nicht mehr spielen will – und an der grauen Tapete neben Onkels Sekretär den Regulator mit seinem sanften Tick-Tack und das alte Barometer im geschnitzten Rahmen über dem Abreißkalender. »Fein!« sagt Knucks'che dann wie jedesmal mit einem glücklichen Seufzen, ehe sie hinausgeht.

Im Zelt sitzen jetzt die beiden Stadtdamen schon beim Frühstück, die jüngere liest einen Brief vor, sie hat dazu die Brille auf der spitzen Nase. Das gefällt Knucks'che nicht, sie macht

bloß rasch einen Knicks und tut, als sieht sie nicht das zerstreute Nicken der älteren Dame. Wenn Große Briefe lesen, geben sie einem nie was ab, nich mal ein Löffelchen Honig zum Ablecken. Da lohnt es nicht zu bleiben.
Also läuft Knucks vor das weit offene Heckentor und sieht sich um. Vom Krill, ihrem gleichaltrigen Freund und Vetter, ist nichts zu sehen. Sie wendet sich nach dem Nachbarsgarten. Hier gibt's keine Sommergäste. »Reiche Leut behängen sich nich mit sowas wie e Boadgast«, hat die Omchen neulich gesagt – da wohnen Böhnkes ganz für sich allein. Erst sieht Knucks'che vorsichtig, ob auch nicht einer von den drei Jungens da ist. Aber die müssen ja in der Schule sein. Schule ist gut, die nimmt alle großen Jungens und Mariellens für Stunden fort, da ärgern sie keinen als bloß den Lehrer. Auch Frau Böhnke ist nicht zu sehn und das freche Mädchen mit dem kleinen Schürzchen, das sich »Fräulein Rosi« nennen läßt – »affig!« hat die eine Badegästin gesagt.
Knucks'che dreht sich in den Garten, äugt in die offene Glasveranda und windet sich durch den schmalen Heckengang nach dem Hof. Kein Mensch – worunter sie Erwachsene versteht – ist da zu sehn. Die Zinkwanne mit den Kartoffeln steht auf dem Vorplatz, der Korb mit Frühäpfeln, eine blaue Küchenschürze liegt darüber gebreitet. Nur ganz hinten, wo die Blumenrabatte endet und die Himbeerhecke vor dem Obstgarten beginnt, sieht man Fräulein Rosis helles Kleid hin und her wehn, sie scheint Himbeeren zu pflücken.
Auf der untersten der vier Stufen vor der Hoftür sitzt Ulla, die dicke Dreijährige, mit Treff, dem großen braungefleckten Jagdhund. Ulla hat schon ein steifgestärktes weißes Kleid an und eine große blaue Schmetterlingsschleife im braunen Haar. Mit den rundlichen Händen hält sie die große Milchflasche an den Mund, lehnt sich gegen die oberste Stufe und saugt genießerisch. Dann setzt sie ab, leckt das Milchtröpfchen vom Gummipfropfen und gibt dem Treff zu trinken. Er

hat schon drauf gewartet, schlackert mit den langen zottligen Ohren, stöhnt und saugt, bis Ulla ihm die Flasche entwindet. Knucks'che, die sich neben Ulla gesetzt hat, streckt die Hand aus. »Nu ich!« Sie weiß, wie süß und sahnig die Milch aus Ullas Lutsch schmeckt. Aber Ulla kreischt und sträubt sich und Treff richtet sich auf und knurrt. Und nun kommt auch Fräulein Rosi an mit wehendem hellen Kleid und sagt: »Pfui, wer wird denn unserm Goldchen die Bulla wegnehmen?« Fräulein Rosi hat gebrannte Locken und ein breites und sehr sonnengerötetes Gesicht und gefällt Knucks ganz und gar nicht, auch duftet es aus dem Spankörbchen an Fräulein Rosis Arm sehr süß nach letzten Himbeeren, ohne daß sie daran denkt, einem welche anzubieten. »Geh man zu deiner Tante spielen – du, du« – Fräulein Rosi, die gerade Ulla die Flasche entreißt, ehe Treff noch einmal daran saugen kann, sucht nach einem verachtenden, aber doch gebildeten Ausdruck – »du Kind ohne Namen!«

Knucks fühlt, daß dies als Beleidigung gemeint ist, und möchte fragen, weshalb, aber sie begreift, daß dies Fräulein Rosi (kuck, auch auf dem dicken Arm hat sie Sommersprossen, nicht bloß auf der Nase!) nur erfreuen würde, und geht deshalb ziemlich eilig davon. An der Hausecke dreht sie sich noch einmal um und ruft so laut als möglich:

»Nu komm ich aber auch nie mehr!« und dann geht sie weiter.

Von der Straße her, wo drüben vor dem Laden gerade so ein schöner bunter Lieferwagen hält, klingt ein vertrauter Pfiff – das ist Krill, der sucht sie schon, aber nur nicht zu eilig! Erst setzt sich Knucks auf das offene Lattentor und schaukelt ein bißchen. Das quietscht herrlich und macht Frau Böhnke nervös. Die ist sicher noch nicht angezogen, in der Schlafstube ist die Gardine noch zugezogen und dahinter bewegt sich was. Aber ehe dies Unsichtbare rufen kann, ist Knucks abgesprungen und hinter der Hecke verschwunden, wo Krill

schon auf sie wartet. Er ist ein bißchen größer, ein bißchen breiter als sie, aber er hat dieselben roten Backen, dieselben blitzenden Augen, dieselbe kurze Nase wie sie, und auch denselben roten, beim Lachen über den weißen Zähnen breit ausgezogenen Mund. Und dasselbe flachshelle Haar, nun schon längst ohne Locken, wie ein Strohdach verschoren. Er pfeift, die braunen Hände vorgehalten und lacht. »Kommst endlich?!« Und sie trotten Hand in Hand weiter, nach dem kleinen grünen Heckenweg, wo es zum Strand herunter geht. Aber sie vermeiden die steile Holztreppe, die vom Seeberg zum Badestrand führt, wo die feinen Leute baden, die bunte Gummitiere und Bälle haben und so kreischen, und wo ein ekliger alter Mann die grünen Buden bewacht und nach Karten fragt. Sie traben weiter durch den sonnigen Dünenwald, ganz still. Nur mit den Zehen tippen sie immer gleichzeitig nach den sonnenwarmen Kiefernwurzeln oder wühlen in dem grauen Sand und schieben einen schwarzglänzenden Käfer fort. Ein einzelner Kiefernzapfen liegt am Weg. »Die Badgäst!« sagt Krill, entrüstet wie ein Alter, »alle Schischken lesen se einem vorrer Nas fort!« – »Ja!« nickt Knucks, »is wahr!« So sagt die Mutter auch, wenn der Vater was behauptet. Das gehört sich so.
»Ach, Hänsel und Gretel!« ruft eine Stimme. Aus einem Feldstuhl über bunten Decken und noch bunteren Kissen blickt ihnen ein freundliches, blasses Gesicht entgegen. Zuerst sind sie voll Mißtrauen, aber dann kommen sie näher. »Wißt ihr auch, wer ihr seid?« fragte die blasse Frau. Knucks nickt, stimmt an und Krill fällt ein. »Hänsel und Gretel verirrten sich im Wald, mit einmal ward's so dunkel« – Krill stockt, aber Knucks schupst ihn und singt um so lauter »– und so schrecklich kalt!« Weiter weiß sie auch nicht, es ist auch nicht nötig, denn eine sehr dünne, weiße Hand sucht in dem buntgestickten Beutel, es raschelt verheißungsvoll und nun reicht die Hand ihnen zwei herrliche Bonbons, nein, sie steckt sie

ihnen in den Mund, den sie wie zwei junge Vögel aufreißen und rasch über der säuerlichen Süße schließen. Sie können nicht danke-schön sagen, es ist ein zu großer Bonbon, aber sie drehen sich um und winken, ehe sie weiterlaufen, und die blasse Frau winkt wieder.

Wo der sandige Weg nun durch trockene Gräser aus dem Wald hinausführt auf die Düne, bleiben sie stehen und jedes zieht den Bonbon aus dem Mund und vergleicht mit dem andern. Der ist rot, der andere gelb. Abgelutscht sind sie gleich weit. Knucks wiegt den Kopf und dann steckt sie ihren roten Bonbon in Krills Mund – teils, weil er nicht bettelt, teils, weil sie sehen will, ob der gelbe besser schmeckt.

Dann fassen sich beide bei den Händen und laufen so schnell, wie es im Sand bloß geht, den steilen Abhang zur Schlucht hinunter. Der flimmernde, weiße, körnige Sand ist oben schon sehr heiß, aber wo der Fuß ihn zu sehr aufwühlt, noch ganz kühl.

Von unten her, vom Strand, kommt Geschrei, Gelächter und Rufen, Plätschern und das sanfte, leise, klingende Aufschlagen der kleinen, glasklaren Wellen.

Viele Kinder sind da, fast alle halbnackt, und viele Mütter und Omas sitzen in aufgeschütteten Sandburgen unter ein paar bunten Sonnenschirmen und über Stöcke gehängten, bunten Badetüchern. An den Pfählen der Mole glänzt das grüne Moos, es glänzt der Sand, es glänzt die See, silbern und bläulich grün. Wie sie jetzt ganz dicht am Wasser stehn und hin- und zurücklaufen vor den ganz heimlich weitausflutenden Wellchen, können sie im Grund jedes bunte Steinchen sehn und wie die Kiesel sich rauschend drehn, wenn das Wellchen zurückgleitet.

»Hast keinen Eimer?« fragt Krill enttäuscht, und Knucks seufzt schuldbewußt. Das rote Eimerchen von Tantsch hat sie mitsamt dem Holzschippchen bei der Omchen hinterm Bett vergessen. Aber ein großer Junge, schon beinah ein

Schuljunge, leiht ihnen seinen Eimer. Er ist blaubunt und bestoßen und ein bißchen leckt er auch – aber es ist doch ein Eimer zum Fischefangen. Damit vergnügen sich die beiden einträchtig und ungestört eine ganze Weile, bis ein paar braungebrannte Mädchen kommen und ihnen den Eimer entreißen wollen. Aber der große Junge kommt ihnen zu Hilfe und sagt großartig zu Krill: »Kannst ihn behalten!« und droht den Mädchen. Die laufen mit Geschrei zu einer Sandburg, wo eine sehr dicke Mama an einem roten Kleidchen strickt und sich mühsam aufrichtet. Worauf Knucks und Krill es vorziehn, mit dem blauen Eimer zwischen sich – ein einziger toter kleiner Fisch liegt im Wasser, das immer weniger wird – weiterzuwandern.

Hier ist es nicht mehr so laut, hier lagern viel weniger Menschen. Unterwegs merken sie, daß sie Hunger haben, und sehn sich um. Auf einem buntkarierten Wolltuch sitzen zwei junge Damen, haben eine Strohtasche neben sich und eine rote Thermosflasche, knistern mit Butterbrotpapier und sind gut bei Appetit.

Die beiden Kinder bleiben stehn, wenden sich von der See fort und den beiden Frühstückenden zu und starren auf die zusammengeklappten Brotstullen.

»Sieh, Lilo«, sagt die eine Dame – eine bildhübsche Dame in einem rotgepunkteten Kleid – und lacht die beiden mit ihren braunen Funkelaugen an, »die haben gewiß Hunger.«

Ehe die andere junge Dame – sie hat lange blonde Locken wie ein Weihnachtsengel – nicken kann, schreien Knucks und Krill so laut, daß es über den Strand schallt: »Ja!« und strecken schon die Hände aus.

»Die armen Kinderchen!« seufzt die Blonde und wühlt in der Strohtasche, »gewiß sind das Waisenkinder. Hast du kein Jäckchen, mein Jungchen?«

»Nei«, murmelt der Krill. Er hat den ganzen Mund voll Leberwurst und weiß nicht, was ein Jäckchen ist.

»Und keine Strümpfchen und Schühchen«, sagt die Dunkle mitleidig und blickt auf Knucksens kleine braune, tief in den Sand gewühlte Zehen. Sie sprechen beide so fein, »von oberwärts« werden sie sein, wie die Tantsch neulich von dem alten Ehepaar sagte, die auch so redeten. Knucks schlingt an dem Leberwurstbrot, daß sie sich verschluckt. Die Braune reicht ihr einen kleinen blanken Becher mit Kakao aus der Thermosflasche, worauf Krill auch rasch hustet, denn er sieht Knucks an, daß es gut schmeckt.
»Was ist dein Vater?« fragte die Braunäugige, als Knucks sich den Mund an dem Handrücken abwischt. Knucks'che, deren Gedanken noch bei dem Kakao sind und deren Augen eben wahrnehmen, daß die bunt gestickte Strohtasche immer noch allerlei Inhalt hat, hat nur halb hingehört. Der letzte Morgen zu Hause, ehe sie mit der Omchen zu Tante Minna fuhr, fällt ihr ein. Wie hat die Mutter wieder geschrien, als der Vater nicht aufstehen wollte und sie beide an die Bahn bringen, »versoffen, wieder alles weg, versoffen bist du, nich müd – –«
»Versoffen!« sagt sie träumerisch!
»Oh, wie furchtbar! Hör bloß, Annemie!« ruft die Blonde und schüttelt ihre Locken. »So ein armes Fischerkind! Und die See, die heute so blau und lieblich daliegt – o! iß, mein Herzchen, iß dich ordentlich satt!«
Sie hat wirklich Tränen in den Augen, es sieht aus wie ein Wellchen, so blau und funkelnd. Knucks ist so satt, daß sie bloß noch stöhnen kann, und muß danken, aber sie will die nette Dame nicht kränken und so bückt sie sich, denn die Blonde kniet im Sand vor ihr, schlingt die Arme um ihren Hals, schnüffelt entzückt – so schön riechen die blonden Locken, so schön riecht der rosige Hals mit dem Silberkettchen – und gibt der Dame einen Kuß.
Krill läßt vor Erstaunen sein letztes Stück Brot hinfallen, hebt es rasch auf, pustet den Sand ab und stopft es in den

Mund. Er kann nur erschrocken leise schrein, als die braune Dame ihn festhält und ihm auch einen Kuß geben will. Er windet sich aus ihrer Umarmung, greift nach Knucks und nach dem blauen Eimerchen und beide laufen eilig davon, ganz weit weg, bis an den flachen Bach, der in drei Armen durch die sonnige Schlucht nach der See fließt.
Hier bleiben sie stehn, dann werfen sie sich in den Sand. Ein Weilchen sind beide still. Krill wühlt im Sand, hat die Stirn gerunzelt und denkt nach. Er sieht Knucks ernsthaft und groß an. »Gibt auch nette Badgäst!« sagt er dann.
»Ja«, nickt sie, »is wahr!« diesmal mit vollster Überzeugung. Dann schlafen sie ein, auf dem vollen Bauch liegend, den der heiße Sand gut wärmt. Aber die Sonne prasselt auf den Rücken, und als sie nach einer Weile aufwachen, meint Knucks gleich: »Oh, ich muß baden!«
»Ich darf! Du darfst nich inne See, ohne Tantsch!« meint Krill, der schon das bunte Hemd und die kurze Hose abgestreift hat. »Inne See nich, aber in kleine See!« sagt Knucks, die noch mit den zu großen Knöpfen am gehäkelten Wistchen kämpft. »In kleine See kann ich!« Kleine See, das ist der flache Bach, der sonnenwarme. An ein paar Stellen ist er tiefer, da kann man sich in das klare laue Wasser setzen wie in eine Badewanne. Es ist herrlich, da herumzukriechen und sich zu bespritzen, zu kreischen und zu toben.
»Pfui!« sagt eine Stimme. Eine ältere Dame, ganz in Grau gekleidet, mit einem Hut und einem grünen Sonnenschirm, steht auf dem anderen Bachufer und schüttelt mißbilligend den Kopf. »Schämt ihr beiden euch nicht?!« Knuck'sche, die grad mit den Füßen strampelt, daß das Wasser bis auf den grünen Sonnenschirm spritzt, sieht verwundert hin. Krill richtet sich prustend auf, wischt das Wasser aus den Augen und starrt die Fremde an. »Wieso?« knurrt er – und schlägt mit der flachen Hand, daß die graue Frau einen tüchtigen Strahl Wasser aufs Kleid bekommt. »Wir haben doch nichts

berissen!« Damit richtet er sich auf, greift nach dem blauen Eimer und stellt sich breitbeinig an seinem Ufer auf. Er weiß, die Graue wird sich hüten, mit dem langen Kleid zu ihm zu waten – und was hat er denn schon getan? Er starrt sie ärgerlich mit den blauen Augen an und schnauft vor Behagen, als sie den Mund noch schmaler macht, die Achseln zuckt und dann davongeht. Der grüne Schirm wippt drohend, es geht sich schlecht im Sand mit langen Kleidern.

»Die war nich nett«, sagt Krill, als er in seine Hosen fährt. Knucks kann bloß zustimmend nicken. Über den nassen Körper ziehn sich die Sachen nur mühsam an. Sie sehn mit Schrecken, wie menschenleer der Strand geworden ist, es muß auf Mittag gehn.

So rasch wie möglich waten sie zum Steilhang, klettern und rutschen hinauf und laufen durch den Wald. Niemand ist mehr dort, keine Hängematte, kein Liegestuhl ist zu sehn. Es ist bedrückend still und heiß, die trockenen Nadeln duften, die schuppigen Stämme der Kiefern schwitzen bernsteingelbes Harz aus, im Wacholder schimmern große Spinnennetze. Sie eilen sich, aus dem verwunschenen Wald herauszukommen, und laufen schnell nach der Heide. Hier riecht es streng und würzig nach dem roten Thymian, kleine Löwenmäulchen und ganz kleine Glockenblumen verlocken Knucks zum Pflücken, aber Krill zieht sie weiter. Nun sind sie schon auf dem Weg zwischen den Wildrosenhecken, hinter denen die hübschen Holzhäuser stehn, und nun – endlich – auf der Dorfstraße.

Auf den Stufen von der Glasveranda ihres weißen Giebelhauses – richtig, Professors, die alljährlichen Sommergäste, sitzen drin schon um die Suppenterrine –, steht breit und blond, glühend von Herdglut und Zorn, Krills Mutter. Er will gewandt vor ihr nach dem Hof und der Küche entwischen, aber sie hat ihn schon beim Ohr und Knucks hört im Weiterlaufen, wie sie »Na, warte, Duchen!« ruft.

Die Luft ist heiß, der Staub ist heiß, und Knucks schnappt nach Luft. In allen Veranden sitzen die Leute und essen, es riecht nach gebratenen Flundern, nach Speck, nach Fett, nach Dill und Gurken. In der langen Glasveranda der großen Fremdenpension, deren Fenster und Türe weit offen stehn, sitzen die Gäste um die langen Tische. Knucks bleibt stehn, es riecht gar zu gut nach Braten und Schmandsauce. Und rechts und links von der Bratenschüssel, die das Mädchen mit dem weißen Häubchen zwischen ihnen hält, erkennt Knucks, halb erschrocken, halb beglückt, die blonde und die braune Dame. Sie duckt sich ein bißchen hinter die Hecke und läuft weiter. Die Tantsch hat gewiß längst gegessen! Ob die Badegäste was übriggelassen haben und ob die Omchen es verwahrt?

Da ist die Lindenhecke, da ist die Stubbellinde, an der der tropfende Quarksack hängt, da ist das Zelt. Die beiden Damen sitzen noch bei Tisch, sie sind grad bei einem roten Kompott, und es riecht nach Gelböhrchen. Es ist also noch nicht ganz so schlimm.

»Knucks'che!« ruft die Omchen. Sie steht in der Haustür, hat trotz der Hitze das schwarze Kopftuch und das gehäkelte rotbraune Brusttuch um, hält die Hand über die Augen und lacht ein bißchen. »Warst baden?« fragt sie leise und streichelt über das verwirrte, feuchte Haar. In dem nassen Zöpfchen hängt die immer noch nasse, aufgegangene Schleife, die die Omchen rasch neu knüpft. »Nei«, antwortet Knucks, ebenso leise, »man bloß in kleine See, patschen!« Zur Sicherheit schnüffelt Oma aber doch noch an dem nassen Scheitel.

»Riecht nich nach Salz«, meint sie beruhigt und schiebt die Enkelin vor sich her in die Küche, an Tante Minna vorbei, die gerade mit dem großen Tablett nach dem Zelt will. Sie ist so blond, so breit und so hochrot wie Krills Mutter, aber gar nicht böse. Sie lacht und sagt bloß: »Na, schön spät kommst du!« und beeilt sich im Zelt mit dem Abdecken.

Die Omchen sitzt schon im schwarzen Korbstuhl, rückt sich die gestickten Kissen zurecht und schöpft die Suppe auf. Ach, keine Pilze! Bloß frische Apfelsuppe mit kleinen Keilchen. Knucks fühlt sich noch sehr satt von Leberwurst und Mittagshitze und fährt mit dem Löffel in ihrem Teller herum, als Tantsch nun auch zum Essen kommt. Ehe sie sich setzt, legt sie aber eine große goldne Schachtel neben Knucks' Teller. »Die Tochter von der kranken alten Dame mußte heut abreisen. Das schickt sie für dich.«
Knucks'che beeilt sich nicht. Badegäste hinterlassen gerne Konfektschachteln – je schöner, desto leerer. Aber in dieser klappert es und sie bindet die seegrüne Florschleife ab. Ein altersgrauer Praliné und eine rosenrote Zuckerkugel liegen noch auf dem fleckigen Papier. »Eins für dich, eins für den Krill«, meint die Omchen, die gerade ihren dritten Teller auslöffelt. Aber Knucks'che sagt: »Eins für mich, eins für dich! Der Krill kann die Schachtel kriegen!«
»Der Krill?« Die Altchen lacht. »Was braucht der 'ne goldne Schachtel?« Die Tantsch steht schon auf. »Na, fix, fix!« mahnt sie. »Omche, bring das Kind zu Bett«, sie legt die Hand auf Knucks'ches Stirn, »fühl bloß, ich denk, die hat Fieber, hat gewiß in der Sonn gelegen!« Sie bückt sich und streichelt das glühende runde Gesicht. »Wird doch nicht krank werden, unser Goldche?« Knucks reibt die Nase in der warmen breiten Hand und gnurrt leis vor Behagen, so daß Wurzel, der unterm Tisch liegt, aufblickt und vor Eifersucht seine Greisenzähne bleckt. Die Schachtel hält Knucks fest an sich gedrückt. Längst will der Krill so eine haben. In der Scheune hinterm Holzhaufen hat er seit gestern zwei tote Mäuse, die will er fein verpacken, Seidenpapier hat er schon, von Tantschs Geburtstagsstrauß. Und dann werden sie die Schachtel in der Schummerstund am Badeweg verlieren und warten, bis wer sie findet. So hat Hausmanns Fritz es auch gemacht. Die Dame, die seine tote Ratte auspackte, hat

gekreischt, daß es bis zum Seeberg zu hören war. Fein wird das werden!
»Nu beeilt euch bloß!« mahnt Tante Minna, die schon das Aufwaschwasser in die weiße Wanne gießt, »das Kind is ja schon ganz weg, so müdchen!«
Sie nimmt Knucks' Teller und sagt erschrocken: »– und hat rein gar nichts gegessen!« Sie wird ganz blaß und sieht den beiden nach, wie sie in die Schlafstube gehn.
Die goldne Schachtel liegt schon unter Knucks' kariertem Kleid, auf dem Stuhl vor dem verhängten Fenster. Es ist kühl und dämmrig in der Stube, nur ein paar Fliegen tanzen summend um die Hängelampe und die dicken weißen Kissen locken kühl und prall. Nachmittags darf Knucks da bei der Omchen schlafen. Aber heut muß sie sich ganz ausziehn. »Damit du nich krank wirst«, meint die Omchen, die sich langsam aus ihren Hüllen wickelt und nun ganz schmal und klein im gestreiften Unterrock dasteht und sich müht, die Schuhe abzustreifen. Knucks sitzt noch im Hemd auf dem Bettrand und baumelt mit den Beinen. Die Mückenstiche jucken. »Omche«, fragt sie und reißt die verschlafenen Augen auf, »is wahr, daß ich keinen Namen hab, keinen richtigen?«
Die Altchen bleibt am Bettpfosten stehn, einen Fuß in der Luft. »Wer sagt das?« fragt sie erstaunt. »Wer? Die Rosi! – Fräulein Rosi?! (Kein Name könnte verächtlicher klingen.) Na, die soll man still sein! Kannst ihr sagen, du heißt genau wie deine Oma: Martha, Johanne, Emilie Rodmann.« Knucks kriecht ins Bett, streckt sich und wiederholt laut die Namen.
»Aber warum heiß ich Knucks?« Die Omchen kuschelt sich neben ihr in die weichen Kissen und zieht den Zudeck hoch.
»Weil du so klein warst und so drugglich, ganz rundche, wie gedrechselt! Unsere Knucks'che!«
Sie drückt das Kind fest, ganz fest an sich. Gut ist's, das verwandte junge Leben neben sich zu fühlen, seinen kurzen,

frohen Herzschlag neben dem eigenen, langsamen, erkaltenden. Das Kind druselt schon, schrickt aber wieder auf. »Omche! Ei beten?«
Die Altchen wiegt sie im Arm und lacht ein bißchen. »Is doch noch nich Abend! Erst über Mittag. Oder«, sie macht noch einmal die großen grauen Augen auf und sieht in die schläfrigen blauen Kinderaugen, »oder warst unartig?«
Knucks'che schweigt. Auf einmal ist da nicht die dämmrige Stube mit der Rosentapete, da ist der grelle Sand, die blanke See, eine junge Stimme sagt ganz deutlich »ach, die armen Waisenkinder!« und – da ist die Graue mit dem bespritzten Kleid! Knucks'che stöhnt. Aber auf einmal ist's der sonnengesprenkelte Kiefernwald und eine schmale Hand, die einen roten Bonbon hält, und ein freundliches, so freundliches Lächeln – Knucks'che sagt ganz laut: »Ich werd die goldne Schachtel lieber der Mutsch mitbringen!«
»Ja, ja«, beruhigt die Omchen und wischt mit ihrem großen Taschentuch den Schweiß von der runden Stirn unter den blonden Löckchen, »die braucht grad so eine für ihre Häkelhaken.« Aber Knucks'chen dreht sich hin und her, und auf einmal sagt sie, dicht an Omchens Ohr: »Omche, ich war nich artig!«
»Sch, sch, nich weinen!« Die Omchen streichelt und tröstet. »Was kann mein Knucks'che schon tun? Hat ja schon alles gesagt. Nu hat Liebes-Gottche mein Knucks'che wieder lieb! Nu schlaf man un wach gesund auf!« –
Als die Tantsch müde vom Aufwaschen und Kaffeemahlen die Tür öffnet und durch den Spalt nach den beiden sieht, liegen sie ruhig beieinander, das rosige Gesicht neben dem welken, und atmen ganz gleichmäßig im tiefen Schlaf. Auf der rosigen Kinderwange glänzt eine dicke Träne.
»Kindche hat geweint!« flüstert Tante Minna und legt leise einen ersten frühen Hasenkopfapfel auf das karierte Kleidchen.

Memel

O Stadt am Tief, dem Blut und Herzen nah,
O wiesengrünes, wasserblankes Land!
Ich war ein Kind als ich zuerst Dich sah
Vom landenden Dampfer, an des Vaters Hand.

So wie wir durch die Pregelwiesen gingen
Nur weiter war der frohe Weg zu Dir.
Wir standen vorne an des Dampfers Bug,
Das Wasser teilte sich wie Erde unterm Pflug,
Wir hörten Möwenschrei und schrillen Seewinds Singen
Und sahn den morgenhellen Dünenzug,
Und sahn zur Rechten, schwimmend in dem Glänzen
Von Licht und Wasser, leuchtend und frühlingsjung,
Das segelbunte, blaue Haff bekränzen
Dein Wiesenufer, grüne Niederung!
Über das Wasser glittest Du zu uns her.
Erst nur ein schmaler Saum und dann ein wehender
Von Schilf und Gras, und dann ein Erlenwald, [Streifen
Und nun ein Fluß, ausmündend wie ins Meer,
Und jetzt, wie graues Spielzeug nah zum Greifen
Ein rohrgedecktes Fischerdorf.
Und bald
Kienhauch. Doch nicht aus dunklem Nehrungstal,
Aus dem sich silbergrau die Reiher hoben –
Nein, hinter der Sandbank, möwenüberstoben,
Stand Holzplatz an Holzplatz, goldenbraun wie Waben.
Und Segeljachten, weiß wie eine Braut,
Glitten an uns vorbei im aufspringenden Sturm.
Und schwarze Hochseedampfer heulten laut,
Umwölkt von ihrer Schlote grauen Schwaden.

Und schwerbeladen
Zog Heuboot und Holzkahn vor uns durch die Flut,
Auf der ein Floß sich schwer und schuppig wand.

Und Mast an Mast vor uns im Hafen ragte,
Darüber sah ich Giebelhaus und Turm,
Stadt grüßte heimatlich und urvertraut.
Und winkend hob sich die geliebteste Hand
Und über mir des Vaters Stimme sagte:
»Kind, das ist Memel!«

Ostseestrand bei Karkelbeek, Memelland

Lotte

Sie hieß Lotte. Sie war genau so alt wie das Jahrhundert und in jenem Frühling 1914 eingesegnet. Mit dem weißen Kleid hängte sie am Palmsonntagabend ihre Kinderzeit in den alten birkenen Kleiderschrank auf der rauchdunklen Bodendiele in dem alten Niederungshaus. Gern wäre sie irgendwo in Dienst gegangen, hätte die feine Küche erlernt in einem Gasthof oder auf einem Gut – aber davon war keine Rede. Sie war die Älteste, die Geschwister nach ihr, die Zwillingsbrüder und das Gretchen, waren alle drei an einem Wintertag an Diphtherie gestorben. So lag alles auf Lotte: die vier Kleinen, der Schutt (Gustav), die Lusche, das Lenerchen und der Hermann – das Warten und Mahnen, das Füttern und Zubettbringen. Dazu das Viehfüttern und Melken und oft noch das Kochen, denn die Mutter erwartete wieder und war diesmal doch recht müde und elend. Aber sie war groß und stark und breitschultrig, die Lotte, wie alle aus ihres Vaters Sippe, und sie arbeitete gern und geschickt und war stolz, wenn der Vater mal zur Mutter oder sogar zu den Nachbarn sagte: »Auf die Lotte, da is Verlaß!«

Es war der heißeste Sommer in vielen Jahren, und es war die größte Ernte seit Menschengedenken. Die Lotte und ihr Vater und alle im Dorf hatten so schwer zu arbeiten, daß sie gar nicht merkten, was da eigentlich in der Welt vor sich ging – und auf dem Grundstück hatten sie noch genug für sich selbst zu sorgen. Denn es ging nicht alles so wie sonst, wenn ein Kleines kam, und die Mutter blieb so schwach und matt, und das Neugeborene so dünn, daß sie alle es das Nuschtchen nannten. Aber es war so hübsch und war ein Jungchen, sie waren alle stolz darauf und Lotte und der Vater fanden, daß es so aussah wie die Zwillinge und dachten schon an Kindtaufe und Fladenbacken – da kam es.

Später sagte Lotte: „Es war, als ob uns einer mit einem Brett auf den Kopf schlug!« Sie standen vor dem Anschlag an dem Schulzenhaus und faßten gar nicht seinen Sinn. Die Kleinen, die erschrocken an Lottes Rock rissen – »Komm weg! Lotte, komm weg!« – stammelten das Wort nach, das alle die Großen sagten, »Krieg!«

Wenn es brennt, da kommen alle und helfen löschen. Wenn das Hochwasser kommt, im Frühling, da wartet man oben auf dem Boden, bis die Pioniere herrudern und Essen bringen und das Eis sprengen. Einer hilft dem andern – aber Krieg, der kommt über alle. Und die, an die man sich klammert, weil sie immer halfen: der Vater, der Ohm, die großen Brüder und Vettern und Nachbarn – alle müssen sie fort! Auch der Vater. Jetzt, da drüben noch das Korn draußen steht, jetzt, da die Mutter noch so krank ist. Jetzt, wenn der Feind kommt.

»Ihr werdet ja wohl fliehen müssen!« Der Vater schluckte bei dem Wort. Lotte hatte es noch nie gehört, fliehen, es lief ihr der Tod dabei über den Rücken. »Der Pfarrer sagt es und auch der alte Neumann. Seine Tochter aus Gumbinnen ist all bei ihm. Lotte! Ich verlaß mich auf dich. Du bringst die Mutter fort und die Kinder. Bis Königsberg. Von da – da wird es ja wohl gehn.«

Er reichte ihr die Hand, es war vor der Stalltür, seine großen graublauen Augen sahen in das Dunkel, wo die Hühner im Stroh scharrten, die kleine Emaillekanne mit Milchkaffee, die er trug, schlug an das Schloß. Lotte sah, wie grau er schon war, auch ein bißchen krumm in den Schultern und sein Gesicht so fremd und still und so, als sähe er weit, weit über den Hof und das Haus und die Felder. Sie wollte was sagen, aber sie bekam kein Wort heraus. Es war ja auch Zeit zum Füttern.

Sie hatte so viel zu arbeiten, die Lotte, daß sie nicht zum Grübeln kam und eigentlich kaum merkte, wie sich alle im Dorf sammelten, redeten und packten. Bis dann am zweiten

Abend die alte Nachbarin kam und sagte: „Lottchen, wir müssen alle raus!« Lotte schob die Alte aus der Stube in den Flur, damit die Mutter nicht das verstörte Gesicht sah. Die Kleinen schliefen schon, und so fragte sie da flüsternd nach allem. Dann, während die alte Frau noch draußen auf der Hausbank saß, zusah und leise Ratschläge gab, raffte Lotte, was sie bloß konnte und packte alles auf den Leiterwagen. »Wenn doch jetzt der Fritzche und der Willi lebten«, das war das einzige, was sie dachte, wenn sie die schweren Kisten und Körbe anschleppte und hinauf ins Stroh hob.
Eine ostpreußische Sommernacht ist kurz, viel zu kurz für einen, der allein denken und packen muß für einen solchen Auszug und dem keiner helfen kann, weil alle rundum dasselbe tun – alle wie betrunken von der Bitternis, daß sie von ihrem Grund und Boden, von ihrem Feld und Hof und Haus fort müssen.
Dann kam der Morgen, so schön und heiß wie alle diese Augustmorgen. Lotte hatte alles fertig. Die beiden Braunen standen vor dem Wagen und die Fliegen stachen sie. Oben auf den Kisten lagen die dicken Federbetten, alle frisch blaubunt und rotbunt bezogen, die Wolldecken, die Schlittendecke und Vaters Pelz und darin gebettet, so gut es bloß ging, die Mutter mit dem Nuschtchen. Die andern vier liefen noch auf dem Hof rum, alle schon in den offenstehenden dicken Wintermänteln, rannten in den offnen Stall und sahen zu, wie sich's die Ferkel im Gemüsegarten behaglich machten. Lotte füllte die Morgenmilch, die sie vorsorglich abgekocht hatte, in die große Meiereikanne und trieb die beiden Kühe auf die Weide. Die alte Nachbarin brachte ihre Kuh auch gerade heraus. Sie tüderten sie aber nicht an, sondern stießen noch das große Gattertor auf, damit die Kühe an den Kanal konnten.
Als sie zurückkamen, hörten sie Geschrei und Wagenknarren. Über die Dorfstraße kam ein erster Leiterwagen – der

Vorläufer einer langen Kette, die nun unablässig über das Holperpflaster rollte. Der Wagen war dick mit Staub bedeckt, die Frauen und Kinder und die beiden alten Männer da oben sahen todmüde aus, sie sprachen schon ganz heiser, aber sie riefen deutlich genug: «Macht bloß, daß ihr fortkommt!« und die eine Frau wandte sich und rief noch im Weiterfahren: »Bei uns im Wald steht hinter jedem Baum der Tod!«

Nun kroch aus dem Neumannschen Hoftor der bepackte Leiterwagen und schob sich zwischen den Zug der fremden Wagen. Die alte Nachbarin wurde von ihren Kindern auf die bunten Züchen gesetzt und mit der Schlittendecke zugedeckt, sie rief gerade noch: »Lottchen, komm man!« und dann waren sie fort.

Lotte sammelte die Kleinen und hob sie hinauf, der Schutt bekam die Peitsche zu halten und durfte neben ihr sitzen. Die Mutter zog das schwarze Kopftuch über die Augen, um nicht zu sehen, wie sie vom Hof fuhren, sie drückte das Nuschtchen fest an sich. Lotte schnalzte und schwenkte die Leinen – aber die Braunen rührten sich nicht.

Ein ostpreußischer Augusttag ist lang, aber wie lang er sein kann, wenn man nicht fort kann und das Unheil rückt näher und näher, das lernte Lotte an jenem Tag, als sie da oben saß und die Braunen nicht anzogen.

Das ganze Dorf wanderte an ihr vorbei und rief ihr zu, und jeder sagte: »Lottchen, nun fahr bloß!« Die Frau Lehrer, die selbst vom Grundstück war, sah sie so traurig an, sie dachte, die Lotte könnte sich nicht entschließen vom Hof zu gehn. »Ich komm, ich komm gleich!« sagte Lotte, als sie merkte, die Frau Lehrer und der alte Pfarrer wollten von dem Kaleschchen steigen, um ihr zu helfen, »ich wart man bloß auf die vom Abbau!«

Aber die kamen erst viel später, so viele andere Wagen schoben sich vor. Die Kleinen hatten geschlafen und waren wieder aufgewacht, hatten Brot gegessen und Milch getrun-

ken und kletterten nun wieder herunter. Der Schutt weinte laut vor Ärger, weil er nicht mit der Peitsche knallen durfte. Der Schatten der alten Stubbellinde war wie ein Uhrzeiger über den Hof gekrochen und lag schon auf der Hausschwelle, die Hühner badeten sich im Staub und schliefen, und die Kleinen schliefen auch wieder, überwältigt von der Hitze. Sogar die Mutter schlief vor Erschöpfung mit dem Nuschtchen an der Brust, der von der Wärme zum erstenmal rote Bäckchen hatte. Nur Lotte wachte, sie saß da, trotz der Hitze schaudernd in der dicken, ausgewachsnen Winterjacke und sah mit brennenden Augen den Zug vorüberziehen: die bepackten Wagen und die Menschen, die darauf saßen oder nebenher wanderten. Dazu hörte man überall von den Wiesen das unausgemolkene Vieh brüllen, auch die Hunde heulen und nun, von Mittag an, so was wie fernen Donner und wie das Mahlen einer riesigen Kaffeemühle. Die Flüchtenden zogen vorüber, die meisten bemerkten gar nicht den Wagen auf dem Hof, aber wer ihn sah, der rief was und winkte oder schüttelte den Kopf. Das meiste waren Leiterwagen, hin und her ein paar altmodische kleine Jagdwagen oder Sandschneider und einmal eine uralte schwarze Kutsche mit fünf gelbhaarigen Kindern drin, über die lag quer ein großer Bernhardiner, und der älteste Bruder kutschierte die wunderschönen Pferde.
Auf einem großen Wagen waren nur Kinder, die meisten barfuß, ein paar Jungen hingen noch hinten am Leiterbaum, und neben dem uralten Kutscher in ein paar Kissen lag eine junge Wöchnerin. Mit zwei großen, langen, schmalen Sarghandtüchern hatte man ihr das Kleine auf die Brust gebunden.
Lotte saß da und sah das alles. Es war ihr, als wäre ihr Herz zu Stein geworden und auch sie selbst ein einziger großer Steinklotz, so wie der Heidenstein drüben am Feldweg.
Aber das Schrecklichste war, daß der Wagenstrom jetzt

immer dünner wurde. Nun kamem sie bloß noch vereinzelt. Da war ein altes Ehepaar auf einem kleinen Wagen mit ganz kleinen Pferdchen, die holten sich Wasser vom Brunnen, und der Alte wollte Lotte helfen. Aber die Braunen rührten und regten sich nicht, und er mußte weiter. »Na, auf Wiedersehn!« sagte er. Das tat Lotte gut, wie ein tröstliches Versprechen. Dann kam nochmals ein Zug, ein ganzes großes Gut kam. Neben dem letzten Wagen, stattlich und siedend von der Mittagshitze, schritt die Gutsfrau. »Kind!« rief sie, »um Gottes willen, komm bloß!« Sie wollte stehenbleiben, aber die alten Frauchen und all die kleinen Kinder, die da über ihr im Stroh saßen, weinten laut vor Angst, denn die Kaffeemühle mahlte immer lauter.
Dann waren auch die fort. Nichts war mehr da, als die leere Dorfstraße, zerwühlt und voller Stroh, auf der ein paar Fohlen spielten.
Da sprang Lotte vom Wagen. Sie legte die Kleinen zurecht, die schlaftrunken um sich blickten, sie warf ihre Jacke über das Hermannchen und schritt nach der Stalltür.
Da lehnte sie am Pfosten, taumelnd vor Übermüdung und Verzweiflung. »Ich verlaß mich auf dich!« sagte sie leise.
Im selben Augenblick gewahrte sie an der Wand die Arbeitsjacke und die grauleinenen Arbeitshosen des Vaters. Sie sah seine Mütze darüberhängen und ohne recht nachzudenken, nahm sie die vom Nagel und stülpte sie auf ihren heißen Kopf.
Da zog Lotte den buntgestreiften Rock ab. Eins, zwei war sie in der Hose. Sie war genau so groß und so langbeinig wie der Vater. Und dann war sie auch in seiner Jacke und lief quer über den Hof. Sie stellte sich vor die beiden Braunen. Die waren auf einmal ganz wach und ruckten an. Lotte sprang aufs Rad, es drehte sich schon. Sie entriß dem Schutt die Peitsche, sie knallte und pfiff genau wie der Vater. Die beiden Braunen zogen und setzten sich in einen forschen Trab. Platz

genug war da. Die Fohlen liefen noch ein Weilchen nebenher, die Hühner schraken auf, eine Sau lief quer herüber – und nun lag das Dorf hinter ihnen. Nichts war zu sehen. Nur weit vor ihnen eine Staubwolke auf der Chausee und weit hinten, wie aus dem dunklen Forst aufsteigend, am Himmel kleine, in der Bläue rasch zerfließende, schneeweiße Wattewölkchen.

Dann kam der Wald, und Lotte besann sich auf den Feldweg hinter seinem Rand und bog ab. Es war ja sandig genug, aber es kürzte den Weg. Nachher traf sie da auf andere Wagenspuren und fand richtig die Furt im großen Graben. Als das Wasser um die Räder plätscherte und die Geschwister vor Vergnügen kreischten, schrie sie mit. Gegen Abend mußte man in die Wiesen biegen, denn da kam ihnen schon deutsches Militär entgegen. Lotte seufzte tief auf, wie befreit. Gleich darauf sah sie an dem kleinen Kirchhofsberg über dem zermahlenen Stoppelfeld die ersten Feuerchen der Flüchtlinge. Sie fand sogar ihre beiden Altchen und die große Gutsfrau wieder, die ihr für die Kleinen und die Mutter warme Suppe gab und die Mutter und das Nuschtchen für ein paar Nachtstunden zu sich nahm.

Lotte kroch oben ins Stroh zu den Kleinen. Der Wagen stand mitten auf einer Wiese, die Grillen sangen laut, und so hörte sie nicht wie die andern sagten, daß sie nicht mehr nach Königsberg hineinkonnten, sondern gleich bis zur Weichsel müßten. Lotte hatte den Arm um den Schutt geschlungen, das Bein über die beiden Kleinen gelegt, ihre linke Hand hielt das Hermannchen, und sie murmelte im Einschlafen: »Kannst dich verlassen!«

Und er, der zur selben Stunde im Heidekraut an der Kiefernschonung über dem masurischen See die Augen schloß und keine Grillen hörte, bloß das Pfeifen der russischen Kugeln – er verließ sich auf sie.

Sankt Marien zu Elbing

Stadtschirmende Greisin steh ich. Mich gebar
Die aller Preußenstädte Ahnin war.
Truso, die Urvolkfürstin, die Mutter mein,
Die edle Ilfingtochter, schläft unterm Heidenstein.
Viel tapfres deutsches Blut hat teuer mich erkauft,
Die frommen Predigermönche haben mich getauft.
»Sankt Marien zu Elbing« ward ich genannt,
Lübische Hanse bei mir Pate stand.
Landmeister Hermann Balk, der Herre mild,
Gab mir zur Wiege sein Ordensschild.
Die weisen Väter hämmerten in den Grund
Des Eichenrostes Helling, daß ich sicher stund.
Sie wölbten kunstreich, wie Noah vorbedacht,
Meiner Arche Halle, wuchtig und ungeschlacht.
Zum roten Markttor grüßte des Chores schlanker Bug,
Der die Wunderlilie des hohen Fensters trug.
Über Werft und Masten, über weite Niederung
Ragt des Staffelgiebels stolzer Bogenschwung.
Auf meinem steilen Dach, bewimpelt und spitz,
Hat der grüne Glöckner seinen Wächtersitz.
Sein Lotsenruf holt gute Zeit herein,
Tod mahnt aus ihm »Schiffszimmermann, steig ein!«

Deren Tuch und Malz Speicher an Speicher barg,
          Gottes Speicher – hüt ich nun ihren Sarg!
Es ruhen im Kreuzgang und im Klosterhof
          die Kaufherrn aus London und die vom Artushof,
Unter meinem Sterngewölb hielten alle Zünfte
          letzter Morgensprach Zusammenkünfte.

Vor der Weichselfahrer Altar aufgebahrt
          Ging Reeder und Schiffer auf Große Fahrt!

Süß sang's vom Pfeiler aus buntem Orgelnest,
Hell klang's vom Sängerchor. Sie schliefen fest.
Doch horchten sie auf in ihren Fliesenbetten
Beim Landungswurf der Taue, beim Knarren der Anker-
Ihre Herzen wollten wieder schlagen [ketten.
Hat Westwind von der Werft das Hämmern hergetragen.
Wie Schifferruf im Nebel es aus den Grüften rief
Wenn dampfend aus dem Dock wieder ein Schiff vom
[Stapel lief!

Nun hör ich ihr Klagen an allzu stillen Tagen,
Wie Flut an leeres Bollwerk, an die Altarstufen schlagen:
»Du goldne Mutter im schöngeschnitzten Altarschrein,
Soll unsre Stadt nicht mehr Dein liebes Schoßkind sein?
Du, schwebend vor der Chorwand, gekreuzigter Gott,
War, was so herrlich stand, vor Dir nur Wrack und
[Schrott?«

Hör ihre Klage, Herr, aus meiner Glocken Dröhnen!
Am Ufer knie ich hier mit Töchtern und mit Söhnen.
Von Deiner Mutter Knie – o sieh mein graues Haar!
Bedenk, ich heiß wie sie, die Dich im Stall gebar!
Es war der Greisin Sohn, der Dir zum Gruß sich regte,
Der seine Täuferhand auf Deine Stirne legte,
Es war ein Zimmermann, der Ehrwürd'ge, der Dich pflegte,
Es war des Schiffers Kahn, von dem Du riefst die
[Deinen –

O speise, Pelikan, erbarmend meine Kleinen!

Katrinchen

Eine Erzählung aus dem alten Elbing

Sie lagen so recht feriensommerfaul auf dem glatten Nadelboden des Doniswaldes – Katrinchen und die Marburger Vettern und Bäschen. Katrinchen lag etwas höher als die andern und halb aufgestützt, damit sie durch das zitternde Sonnenlicht von weitem immer den Liegestuhl der Mutter sehen konnte und den dunklen Scheitel mit den schweren Flechten, der so still auf dem weißen Kissen lag.

Willy, der große Vetter, saß dicht neben Katrinchen, blickte in den Himmel und manchmal nach dem Bäschen und nickte ihr zu. Grete, Rudi und die braune Leni lagen wie immer dicht zusammengeringelt und sogen an weißen Taubnesselblüten. Über ihnen ging das wiegende, sanfte Sausen des warmen Augustwindes durch die säulenhohen Schwarzwaldtannen. Kindergekreisch, Gelächter und Wasserplätschern klang von dem Teich am Waldrand her und von dem stillen Herrnhuterdorf kam verschlafner Uhrenschlag.

»Schön ist's hier!« Katrinchen drehte versonnen einen Zittergrashalm hin und her in den rötlichen Jungmädchenhänden. »Ist es bei den Tanten in Westpreußen auch so schön?«

»Viel schöner!« sagte Willy.

»Zu Hause ist alles schöner«, meinte Grete. Da piepste Leni und warf die Nessel fort: »Aber zu Hause, das ist doch Marburg! Ich bin doch in Marburg geboren!«

»Wir alle«, sagte Willy, »das Katrinchen sogar in Karlsruhe. Aber zu Hause, das ist bloß dort! Für Vater und für Katrinchen Vati und die Tanten und darum für uns – und Mutter ist doch auch von dort, aus der Niederung!«

»Aber meine Mutter ist aus dem Elsaß«, meinte Katrinchen schüchtern und ihr Blick glitt zärtlich zu dem Liegestuhl. Oh, wenn Mutti doch einmal die Augen aufschlagen und ihr ein bißchen zulächeln würde! Katrinchen seufzte unbewußt.

Dann fragte sie: »Gibt es dort auch Wald?«
Die beiden Großen lachten, und Rudi begann aufzuzählen: »Die Rominter Heide – die Johannisburger Heide – der Wald bei Vogelsang.«
»Sind die Tannen dort auch so hoch wie hier?« wollte Katrinchen wissen. »Da ist viel Mischwald«, orakelte Willy und Grete sah verträumt in das Sonnengeflirr der Wipfel: »Alles ist da anders – so groß – so, so schön.« Leni aber richtete sich auf, blickte mit den blanken Rotkehlchenaugen in Katrinchens sanfte braune und tröstete: »Wart man, Kleines, Ostern übers Jahr, wenn du eingesegnet bist, darfst duch auch hin, zu den Tanten!« Katrinchen schob ihr zum Dank eine erste Walderdbeere in den Mund.: »Das ist noch so lange hin –«
»Dann kannst du dich auch lange auf die Reise freuen«, rief Rudi. »Denk mal, so weit!«
»Ach, ich bin mit Mutti schon viel weiter gereist, bis ins Engadin und nach Tirol.« Katrinchen sprang auf. »Ich muß doch sehn, ob Mutti schläft.«
»Bleib!« Grete hielt sie am Rock zurück. »Sie schlief vorhin ganz fest, als ich vorbeikam. Bleib nur, ich erzähle euch von zu Haus und von den Tanten und dem alten Haus.«
»Ach nein«, erwiderte Katrinchen mit ungewohnter Bestimmtheit. »Davon erzählt Väti!« Sie setzte sich wieder neben Willy, war aber nicht mit den Gedanken bei dem Hürdenrennen einer Ameise über Rudis Füllfederhalter, das die Geschwister mit größtem Anteil verfolgten.
»Noch so lange«, flüsterte sie leise. Sie bekam auf einmal solche Sehnsucht nach jenem Zuhause, von dem Väti und Onkel Walter immer erzählten. Das Herz war ihr schwer. Sie stand leise auf, und die andern sahen ihr still und ganz ernst geworden nach, wie sie schmal und zart davonging unter den hohen Stämmen nach dem sonnigen Platz und neben der Mutter Liegestuhl niederkniete, um schweigend in das bleiche schlafende Gesicht zu blicken.

Es war aber nicht »so lange«, wie Katrinchen gedacht hatte, bis sie nach Hause fuhr. Ihr erstes schwarzes Kleid trug sie zu dieser Reise. Es war kein Einsegnungskleid, sondern ihr Trauerkleid um Mutti, die mit dem Schnee ganz sanft dahingegangen war. Väti meinte, daß Katrinchen nicht mehr zur Schule sollte bis nach den Osterferien. Dann kam ein Brief von den Tanten Deta, Ute und Lusche, und ein zweiter von Tante Ide in Wilmersdorf, überströmend von Liebe und Trost. Danach packte die Schwester, die noch für ein paar Tage da war, um alles zu ordnen, wie Mutti es gewünscht hatte, Muttis kleinen braunen Koffer. Warum weinte nur Väti, der doch die Zeit »so wunderbar gefaßt« gewesen war, wie alle Besuche sagten, so schrecklich, als der kleine braune Koffer dastand?
Ja, und dann saß Katrinchen plötzlich im Zug, und es kam noch ein Tag bei den Marburgern. Alle vier waren ungewohnt sanft und ohne jede Neckerei und überboten sich im Verlangen, zu trösten und zu unterhalten. Sie führten Katrinchen in die Elisabethkirche, sie kauften ihr blankbunte Hessenschlüsselchen und hatten ihr ein rotes Tulpentöpfchen, zwei Windbeutel, ein buntes Nadelkissen und einen Notizblock auf Tante Käthes Nähtisch aufgebaut. Der Notizblock mußte in Katrinchen Handtasche, das Nadelkissen in den Koffer. Aber das Tulpentöpfchen blieb auf Tante Käthes Rat in Marburg auf dem Fenster der Töchtermansarde. Die Windbeutel vertilgten die Bäschen abends im Bett, weil Katrinchen trotz aller Dankbarkeit viel zu müde und viel zu betrübt war, einen Bissen davon herunterzuwürgen.
Dann kam der Reisemorgen. Onkel Walter erschien noch an der Bahn, geradewegs vor dem Kolleg. Er steckte Katrinchen rasch eine Tafel Schokolade zu. Tante Käthe und die vier Großen nahmen stürmisch Abschied. Er aber bückte sich und sagte: »Ach Kind, du fährst nach Hause!« und sein strenges Gesicht war auf einmal freundlich und warm wie Vätis.

In Berlin stand Tante Ide auf dem Bahnsteig des Anhalter Bahnhofs und nahm Katrinchen ins Schlepptau. Es war beruhigend, ihre mollige Hand zu fühlen, ihre blanken Augen zu sehen, die so rund und rotkehlchendunkel waren wie Lenis Augen, ihre laute mütterliche Stimme zu hören, wie sie sagte: »Katrinchen, mein armes Schafchen, nun komm man, wirst recht hungrig sein!« Es war ein bißchen peinlich, aber sehr wohltuend, wie sie sich plötzlich kurzatmig bückte und zwei schallende Küsse auf Katrinchens blasses Gesicht drückte – mitten im Menschengewühl vor der Sperre. Dann sagte sie: »Wir nehmen ein Auto, Puttchen. ›Immer nobel‹, sagte der Papa, als es uns schon ganz schlecht ging. – Na, fährt sich das nicht schön? Mußt du Hunger haben! Und morgen fährst du nach Haus, du Glückpilz!« Sie besann sich auf den Grund, seufzte, sagte rasch: »Siehst du, so bin ich – na, gib mir doch rasch'n Kuß! Es war bloß, weil du nach Hause kommst!«
Katrinchen kuschelte sich an. Tante Ide war rund und warm. »Komm mit!« sagte sie.
»Ja, wenn ich könnte! Ich muß Brotchen verdienen. Vier Musiklehrerinnen auf einem Haufen – das geht nicht!« Sie lachte schallend. »Wenn du wiederkommst, dann erzählst du mir, wirst schon was erleben. Armes Schafchen, mal hier, mal da gewohnt, weißt ja noch gar nicht, was Zu-Haus-Sein meint!« Sie schlang den Arm um Katrinchen, die darin recht geborgen lag und zum erstenmal wieder ein bißchen vergnügt war. Aber nicht, weil sie Auto fuhr und durch Berlin. Das hatte sie ganz vergessen.
Es war schön bei Tante Ide in der stillen Gartenhauswohnung in Wilmersdorf. Ein altmodischer Teetisch stand da mit einem Samowar von Urgroßmama und viele, viele Lichtbilder in runden, schwarzen Rahmen um die Muttergottes von Holbein. »Ja, das ist mein Kirchhof!« sagte Tante Ide. »Sieh mal hier: das ist Großpapa! Und das – das kleine bunte Bild-

chen, das Jungchen da im blauen Kittel – das ist Großonkel Hermännchen, der klein starb. Wahrhaftig, Kind, du ähnelst ihm!«

Katrinchen riß die Augen auf und starrte das winzige Bildchen an, das so ein schmales anemonenzartes Gesichtchen zeigte, und stand in Gemütlichkeit, Liebe und Wortschwall wie unter einer warmen Brause.

»Also fahr mit dem lieben Gott und grüß alle und alles!« so klang es noch immer in Katrinchens Ohren am nächsten Morgen, als der D-Zug schon längst durch die Vororte brauste. Tante Ide hatte einen kleinen rötlich gehefteten Fahrplan gestiftet. »Trautstes Kind, du mußt doch wissen, wo du fährst!«

So sah Katrinchen denn getreulich nach, machte kleine Privatstreifzüge durch Nordostdeutschland und lernte Kursbuchrichtwege und -fußangeln, ehe sie es merkte. Sie lernte auch in der Tuchler Heide, warum Willy die Antwort umgangen hatte, als sie nach den Tannen fragte. Ja, das sah anders aus als die riesenhaften, dunklen Schwarzwaldstämme bei Königsfeld.

Aber schön war es doch, jetzt im hellen Mittagslicht, weich und grün wie Moos mit den runden Kiefernkuppen, es wurde einem geborgen und schläfrig zumute dabei wie als Kind, wenn man in Muttis Arm lag und sie leise sang.

Es war gemütlich in dem Abteil mit dem freundlichen dicken Ehepaar, das immer wieder Äpfel und »kleine Kuchchen« herumreichte, mit dem ältlichen Fräulein in der Gangecke und dem jungen Herrn im dicken Landpelz, der »Mümmelmann« las und so schüttelnd dabei lachte. Nun waren alle still. Die alte Dame neigte sich vor: »Kindchen, paß auf! – nun kommen die Brücken und Marienburg!«

Dann saß Katrinchen hellwach und gespannt, und es klirrte und klapperte im Eisengefüge der Bogen, und unten war ein breites, breites Wasser, und ein Holzfloß trieb darauf, rot-

funkelnd im Abendschein. So breit war das Wasser, so flach das fruchtbare Land, das Licht schien heller und feuriger als unten in Baden. Dann kam noch eine Brücke. »Ja, Kind, das ist nun die Nogat.« – Und über dem breiten Wasser zwischen den hohen Ufern, jenseits der kleinen niedrigen, luftigen Schiffbrücke ragte es blutrot glühend im letzten Abendlicht, aus funkelnden Fenstern strahlend, mit buntem Dach prunkend, ungefüg und herrlich, weitgestreckt und beherrschend, größer und wuchtiger als alle Schlösser und Burgen im grünen Süddeutschland.
Die beiden Frauen zogen Katrinchen ans Fenster im Gang, der alte Herr schnob laut und dröhnend in sein riesiges Taschentuch, der junge hatte den »Mümmelmann« fortgelegt und riß die hellblauen Augen weit auf, und aus dem Nebenabteil kam eine blonde Frau mit einem Jungchen auf dem Arm und ein alter Herr mit weißem Spitzbart.
»Das ist Marienburg?« fragte Katrinchen leise. Sie nickten alle still und machten ihr den Platz am Gangfenster frei, damit das Kind in Trauer das herrliche Bild sehen konnte, wie es hinter dem Gittergeflecht im Abendschein vorbeizog.
Dann kam ein Bahnhof, dunkel, laut lärmend. Der junge Herr stieg aus, und die Frau mit dem Kindchen bekam Besuch von den Großeltern. Man fuhr aus der Halle, und noch einmal tauchte die Burg auf vor einem goldnen, sanft verglühenden Abendhimmel, zeigte eine himmelhohe Nische im Chor und ein Bild darin. Der alte Herr mit dem Spitzbart reichte Katrinchen sein Ferngals und sie erkannte das Marienbild. Ganz zart, grünlich silbern stand der erste Stern über dem ebenen Land.
»Das ist die Niederung. Da bin ich zu Haus!« sagte die alte Dame. Katrinchen sah auf und lächelte ein bißchen. »Ich bin auch gleich zu Haus.« – »Ja, wohin fährst du dann? Du kommst doch aus dem Reich?« fragte das Fräulein. Katrinchen knickste und erzählte. »Mein Gott, du bist Fritzens

Kleine, darum kamst du mir gleich so bekannt vor!« rief die alte Dame. »Hier nimm, nimm das Apfelchen!« Und das ältliche Fräulein sagte: »Fritz – das war doch mein Tanzstundenbruder. Ich bin die Lina Wiens – grüß ihn man!« Und sie schob einen kleinen weißglasierten Pfefferkuchen in Katrinchens Tasche. »Na, gib die Hand, Tochterchen!« sagte der alte Herr. »Ich bin der Onkel Gottfried, daß du weißt!«
Katrinchen wußte gar nicht, aber sie ließ sich küssen und versprach bald zu Besuch zu kommen. »Bißchen auffuttern«, sagte Onkel Gottfried, und seine Frau streichelte Katrinchens Gesicht. Dann lief der Zug ein. Drei zierliche, rundliche Damen in Trauer stürzten herbei und riefen: »Tante Amande, Onkel Gottfried – habt ihr die Trinchen da? Gab Ide sie euch mit?« – »Aber Ide wußte ja gar nichts. Wir kommen doch von der Taufe in Breslau!« rief die alte Dame. »Steig aus, Kind, steig aus! Ja, das ist sie!«
Katrinchen stand auf dem Bahnsteig, über den der eiskalte östliche Märzwind pfiff und erste Dämmerung um Laternen geisterte, wurde gestreichelt und umarmt, geküßt und bewundert: »Wie groß!« – »Nein, ganz der Fritz!« – »Gott, Lene, entschuldige, Lene, ich sah dich gar nicht – steigst du hier um? Grüß doch zu Haus!« – »Kind, mach'n Knicks für Tante Lene!« – »Onkel Gottfried, ihr fahrt doch bis Braunsberg?« – »Auf Wiedersehen, Tante Amande, – wink, Trinchen, winke! – Nun komm bloß – nein, den Koffer tragen wir, der ist viel zu schwer für dich – mußt du hungrig sein!« – und die warme Brause überflutete Katrinchen wieder. Sie legte die Hand in Tante Utes Hand, so zierlich und ein ganz klein bißchen wie Vätis schmale Hand, und trabte mit ihnen, müde, heiß und sonderbar bewegt um Herz und Magen wie am Heiligen Abend.
Die Fahrt in der kleinen elektrischen Bahn durch abenddunkle fremde Straßen war aber nicht wie Weihnachten. Dann ging's über einen Platz, wo nichts zu sehen war, weil

man mit schiefgeneigtem Kopf gegen den Wind steuern mußte, und in eine schmale Straße, da war ein hohes Haus mit steingepflastertem Beischlag und einer hohen, schmalen Tür mit blankem Messingschloß daran. Es kam ein Vorplatz, ganz schmal, mit einer großen Glastür. Feurigrot, dunkel, goldgelb, glühend blau flammten die Randscheiben und warfen bunten Schein auf die hellen Steinfliesen, ehe Tante Deta die Haustür schloß.

Ja, nun war Katrinchen zu Haus. Das war der Flur, von dem Väti erzählte, hinter der bunten Glastür die großen Danziger Schränke, in denen die Pelze hingen. Der lange, schmale Gang zur Küche, deren Kessel gelb und rötlich auf dem Herdmantel, auf dem breiten Regal blänkerten. Das war die Treppe, auf der Väti und Onkel Walter als Jungen heruntergerutscht waren. So breit war das schwarzglänzende Geländer, aber die Schnitzerei war weiß gestrichen, wie eine weiß und schwarze Schnecke ringelte sich das kunstvoll gewundene Geländer empor, immer schmäler und zarter gefügt, bis es oben zu verschweben schien im warmen Dunkel.

Katrinchen stand an den Treppenpfosten gelehnt und blickte hinaus, schwindlig und beglückt.

»Das ist schön, was?« sagte Tante Lusche, »wie Mozart.«

Katrinchen umfing mit ihrem sanften Blick die frohe Schwingung der Treppe, die blinkenden Leisten der Bilderrähmchen auf der Kacheltapete, die kleine weiße Tür zum Halbstock und kehrte zurück zu den mächtigen dunklen Schränken, der weißen Glastür zum Wohnzimmer, durch deren Mullgardinchen das Licht schien. Dann ging sie neben Tante Ute in das große Zimmer mit der kornblumenblauen Tapete, den hohen weißen Türen und weißen Fensterläden, von dem Väti und Onkel Walter immer sprachen. Da war ein Teetisch, ganz ähnlich wie Tante Ides, aber mit einem Nickelkesselchen. Da war Großpapas Rollsekretär. »Mit einem Geheimfach. Aber er vergaß immer, wo es war, und wir können's nicht finden!« sagte Tante Lusche. Da waren die schwarzgerahmten Bilder wie bei Tante Ide und zwei große Ölbilder überm braunen Ripssofa, Großpapa und Großmama. Großmama so blond und zierlich wie die drei Tanten und um den Mund und die feine Nase ganz wie Papa, mit einem gepufften Wellenscheitel und einer Kameenbrosche in der »Barbe« (wie Tante Deta erläuterte, während sie Katrinchen mit Schinkenbrötchen stopfte), Großpapa ganz wie Onkel Walter und ein bißchen wie Willy.

Katrinchen aß und sah. »Tante Ide sieht ganz anders aus!« sagte sie dann.

»Soll ich dir mal Ide zeigen?« fragte Tante Lusche. »Laß doch – sie träumt noch davon!« wehrte Tante Ute und strich ein Schwarzbrot mit weißem Käse. »I wo wird sie!« meinte Lusche und zog Katrinchen vom Stuhl und gleich in die Ofennische.

Auf dem runden Königin-Luise-Tischchen stand eine hohe Lampe, deren bunten Papierschirm sie rasch abhob, ehe sie am Schalter drehte. Das Licht fiel grell auf das Pastellbild oben im schmalen Goldrahmen. Blanke Rotkehlchenaugen schienen zu glänzen, ein weiches, rundes Gesicht lachte, eine rosige Kehle atmete unterm weißen Spitzentuch, und dunkle Löckchen tanzten unter der Haubenrüsche, in der eine kleine rosa Rose steckte. »O!« sagte Katrinchen. Es war Tante Ide – aber schlanker, schöner, jünger –, es war auch Leni, aber dunkler, lebhafter, reizender. So festlich war das Bild wie das Kleid der schönen Frau, dessen goldene und blaue Seidenblumen man gerade noch an Schulter und Brust sah. Um den zarten Hals trug sie ein schwarzes Samtband, an dem eine rosa Perle hing.

Katrinchen glühte. »O schön!« sagte sie endlich, und sie seufzte, als Tante Deta das Licht ausdrehte und zum Abendbrot bat. »Wohnte Urgroßmama auch hier?« fragte sie. Es war einen Augenblick still. Dann sagte Tante Lusche: »Nein,

Kind, hier ist sie nie gewesen. Dies ist das Haus, das Großpapa samt der Praxis von seinem Paten erbte.«
»War sie denn schon zu alt, um herzukommen?« fragte Katrinchen neugierig. Sie hatte auch das Käsebrot bewältigt und sog an selbstgekochten Sahnetäfelchen, die Tante Deta ihr zuschob, und an Marzipankügelchen, die Tante Ute ihr der Einfachheit halber gleich in den Mund steckte.
»Alt war sie schon, als Papa heiratete, aber das war's nicht.« – »Was denn?« fragte Katrinchen. Es war auf einmal, als flöge ein kalter Wind durchs Zimmer. Tante Utes kleines, feines Gesicht wurde hart. »Mama paßte ihr nicht als Schwiegertochter!« sagte sie mit spröder Stimme. »›Das verwinde ich nicht, daß mein Sohn eine Musikantentochter heiratet!‹ Und Großpapa war doch Organist an St. Marien in Danzig und hatte schon als Kind beim Gouverneur vorgespielt! Mama war seine Jüngste aus der zweiten Ehe und in Gnadenfrei erzogen.«
Katrinchens Lider scheuerten wie Sandsäckchen, aber sie riß sie tapfer auf. »Musik ist doch fein«, sagte sie begeistert. »Ich kann ja nicht spielen und Mutti sagte immer, ich hab' kein Gehör, aber es ist doch schön!«
»Ja, es ist schön!« sagte Ute, und ihr Blick glitt durch die halboffene weiße Tür ins Nebenzimmer. Das Lampenlicht spiegelte sich in der glatten Schwärze des Flügels. »Aber das sah sie nicht ein. Es war ihr schon ein bitterer Kelch, daß der Papa es durchgesetzt hatte, zu studieren. ›Bei uns ist kein Pfarrer und kein Feldscher in der Familie gewesen‹, ja, so sagte sie zu ihm. Als ob Holzhändler und Gewürzkrämer besser sind!«
Eine tiefe Falte stand über Utes schmaler Nase zwischen den blonden Brauen. Katrinchen ängstigte sich. Sie sah nach Tante Deta. Nein, wie konnte solch rundes, lachendes Gesicht so finster blicken! Ob Tante Ide auch so blicken konnte? Gleichmütig sah nur Tante Lusche drein, die mit

ihrem messingnen Krümmelbürstchen über das altmodische handgewebte Tischtuch fuhr. »Na ja – sie fühlte sich eben!« meinte sie ruhig. »Wenn ich Großreeders Tochter wäre und nie über Wirtschaftsgeld nachdenken müßte, und hinter mir stünd' ein kleiner Mohr bei Tisch und gießt mir Schokolade ein – – –«

»Hatte sie ein Mohrchen?« fragte Katrinchen, hellwach vor Begeisterung.

»Ja«, entgegnete Ute wieder ganz zornig. »Solch ein Unsinn! Und einen weißen Spitz, den sie sich mal aus Florenz mitgebracht hatte. ›Il Magnifico‹ hieß er. Der Mohr mußte ihn spazierenführen, und am Sonnabend wurde der Spitz gewaschen und geblaut und in die Röhre gelegt zum Trocknen.«

»Hoffentlich gab's nicht zum Sonntag Bratäpfel«, meinte Lusche und stellte eine blaue, silberbeschlagene Schale mit Apfelsinen und Walnüssen unter die Lampe.

Ute sah sie mißbilligend an und überhörte es. »Und Papa saß in der Gangelstube über seinen Büchern – mit dem Schlittenfußsack, weil sie nicht heizen ließ.«

»Das ging da auch gar nicht!« meinte Lusche.

»Es ging nicht? So? Und in der andern Gangelstube gab die Frau Kommerzienrätin ihre Tees.«

»Ja, da stand auch der holländische Ofen!« meinte Lusche.

»Was ist Gangelstube?« fragte Katrinchen. Tante Deta, die gedankenvoll einer Apfelsine Augen, Nase und Mund schnitt und zwei Augensterne aus Blüten einsetzte, antwortete: »Das ist, was man in Österreich ein Mezzanin nennt.« Ihr Gesicht war wieder ganz rund und voller Grübchen. Sie lachte: »Ach Ute, sieh meinen schönen Apfelsinenmann! Nun kriegt er einen großen Mund, jetzt ist's ein Tenor. Und jetzt« – ritzsch, schnitt das blanke Obstmesser in den aufgerissenen Apfelsinenmund – »fährt er nach Amerika und ihm wird schlecht!«

Katrinchen lachte schallend, aber Ute meinte: »Grete, hör auf

mit den Späßen! Mir ist's ernst. Es war doch zu bitter für Papa.«
»Ja, und für Mama«, meinte Lusche bedächtig. »Aber das Haus hätte ich doch gern gesehen.«
»Ihr Haus?« fragte Katrinchen, nun schon ganz im Bilde. »Kennt ihr's denn nicht?«
Einen Augenblick war's still. Dann sagte Tante Lusche ruhig: »Nein, Kind, wir kennen's nicht. Sie hat gesagt, als Vater damals von ihr fortging, nie, nie würde sie vergeben, daß er so wählte, bis eines von seinen Kindern freiwillig zu ihr käme. – Ja, und da sind wir nie hingegangen.«
»Wir hätten's schon sollen«, meinte Deta und zerfleischte den Apfelsinenmann. »Damals, als wir klein waren, und sie so alt und krank und arm – – «
»Arm?« fragte Katrinchen.
»Ja, Kind, sehr arm. Der Großpapa ›fallierte‹, wie man das damals nannte. Sie hat's nicht lange überlebt. Das Mohrchen rückte aus, aber der Magnifico blieb ihr treu. Sie starb, als unten die Auktion war, da oben in ihrer alten Schlafstube, im Lehnstuhl am Sekretär, in ihren weißen indischen Schal gewickelt. Und unterm Schal lag der Magnifico und leckte ihre Hände und wimmerte. Er starb ihr nach, als sie im Sarg lag.«
»Kind, Trinchen, du mußt ins Bett!« sagte Lusche erschrokken, als sie Katrinchens Augen sah.
»So starb sie? Half Großpapa ihr nicht?«
Wieder war es still. Dann sagte Tante Deta: »Du weißt nicht, wie das fressen kann.« Lusche meinte wieder: »Er hat's versucht, durch Onkel Gottliebs Vater. Aber sie sagte immer wieder: ›Einer von ihnen soll kommen.‹ «
»Kam keiner?«
Spitz und bitter klang Utes kleine Stimme: »Die Mama ließ uns nicht einmal durch die Straße gehn.«
»Steht es noch – ihr Haus?«

»Ja, Trinchen. Ganz verkommen ist es jetzt. Aber die Stadt will es kaufen. Es heißt ja, es sei schöner als das Uphagenhaus in Danzig.«
»Ein Morgenstern ist an der Tür als Klopfer. Der Beischlag ist fort, so flach gemacht wie bei uns«, stimmte Deta bei. Es klang doch ein bißchen Stolz mit.
»Kind, du mußt ins Bett. Das ist ja nicht anzusehen, wie müde du bist!« Tante Lusche ergriff Katrinchen und zog mit ihr davon.

*

Das war der erste Abend. Katrinchen wollte noch über allerlei nachdenken, als sie auf dem Schlafsofa in der kleinen Stube hinter Tante Detas Zimmer lag, unter dem Stich »L'ami fidèle« (einem Bernhardiner, der ein schiffbrüchiges und ganz trockenes Jungchen aus hohen Wellen gerettet hatte) – aber die Augen fielen ihr mitten im Abendgebet zu. Sie erwachte erst, als Tante Deta die Läden aufkrampte, sah verwundert das schmale Zimmer, den Eschenspind, die Tapete mit den Veilchensträußchen. »Auf, auf, Katrinchen! Meine Schüler kommen bald. Dann wirst du schon munter werden von den Tonleitern. Komm, sieh noch rasch herein, ehe sie klingeln!«
Katrinchen sprang im Nachthemd durch Tante Detas Stübchen in das Musikzimmer. Dieser Flügel war nicht schwarz wie der Utes unten, er war tief rotbraun. »Ja, das ist ganz altes Mahagoni!« sagte Tante Deta und streichelte ihn. An der Wand hing ein schönes, großes Ölbild. »Das ist Neapel, nicht wahr?« Aber Tante Deta bremste ihren Stolz mit einem ruhigen »Leicht zu wissen, wenn der Vesuv raucht« und zeigte auf ihre Blumen, die auf den breiten weißen Fensterbrettern in korbgeflochtenen Ständern und Krippen auf kleinen Stufentritten blühten: rosa Azaleen, weiße Azaleen, rote. Eine granatrot blühende zierliche Kamelie, knospende Amaryllis,

blaue Hyazinthen, Primeln von Rosa- bis Rubinrot, gelbe, süßduftende Narzissen, verblühende letzte Alpenveilchen, ein Veilchentöpfchen – alles eingerahmt und geschützt von grünen Schlinggewächsen, fiedrigen Farnen und einer Zwergpalme. Das ganze Zimmer, in dem außer Klavier und Notenschrank kaum etwas stand, wirkte lebensvoll und geschmückt. Katrinchen bewunderte alles strahlend. »O Tante Deta – alles ist so hübsch bei dir – auch im kleinen Zimmer!«

Sie sah begeistert auf das rot lackierte Gießkännchen, das Tante Deta geschickt handhabte. Sie stützte die Arme auf den Flügel. »Du bist doch so hübsch und hast so schöne Sachen – warum hast du nicht geheiratet?«

Tante Deta errötete und sah ganz jung aus: »Ja, Trinchen – das kommt schon so. Wir vier blieben alle sitzen!«

»Das muß man nicht!« sagte Katrinchen weise.

»Geh, geh, dir kann's auch passieren!«

Katrinchen schüttelte den ungekämmten Wuschelkopf. »Mir nicht. Ich heirate den Willy!«

Tante Deta goß vor Erstaunen den Rest Wasser aufs Parkett. »Hat er das gesagt?«

Katrinchen lächelte. »I wo, gesagt hat er nichts!«

»Na, und?«

»Das weiß man!« Und damit wirbelte Katrinchen davon. Tante Deta schaukelte das leere Gießkännchen, sah auf das Wasserpfützchen und dann sagte sie halblaut: »Nicht immer!« und zog ohne es zu merken mit der Schuhspitze einen feuchten Schnörkel, der wie ein Y aussah.

*

Das Morgengespräch mit Tante Deta hatte Katrinchen ganz heimisch gemacht. Irgendwie war ein kleines goldnes Fädchen zwischen ihr und Deta, das sie auch mit dem Alltag des Hauses verband, und als sie entdeckte, daß auch Willy unter

»L'ami fidèle« geschlafen hatte, als er nach dem Abiturium hier gewesen, lächelte sie dem Lebensretter allemal zu, wenn sie ins Zimmer trat, was über Tage nicht oft war. Aus dem Obergeschoß und aus dem Wohnzimmer unten vertrieben sie Tonleitern und Übungen, bei deren Klang sie doch mindestens ein empfindliches Gehör entdeckte.

Noch mehr vertrieb sie Tante Lusche. Die hatte sich, »eines lahmen Armes wegen«, wie sie sagte, eigentlich aber aus innerstem Widerwillen, schon längst von den Musikstunden abgewandt und betreute Haus und Küche, sehr zum Gewinn des ganzen Haushalts.

Katrinchen, die in den Jahren seit Muttis Erkrankung allerlei von rasch wechselnden Haushaltshilfen eilig und lieblos Gekochtes heruntergewürgt hatte, blühte sichtlich auf bei Luschens Küche, die eine Musterkarte guter alter Familienrezepte war und alle schweren preußischen Nationalgerichte in heiterer Abwechslung mit modernen leichten bot, eine Übersicht aller Reisen, die Tante Lusche je gemacht. So waren weiße Erbsen mit Speck von einer »richtigen« dänischen Roten Grütze mit Sahne gefolgt, und der sonntägliche Kalbsbraten von echtem Apfelstrudel, dessen Herstellung sie bei ihrer lustigen Wirtin in Karlsbad gelernt hatte.

Katrinchen hatte nie gewußt, daß Kochen solch eine wichtige und vergnügliche Sache sei wie hier bei Tante Lusche, die hochrot in einer bunten Ärmelschürze herumfuhr, ihr scharf auf die Finger paßte und ein schlecht geschlagenes Eiweiß, eine bloß halb geriebene Mandel mit raschem Klaps strafte – ohne Rücksicht auf Katrinchens Gefühl vor Frau Bressem, einer mageren Alten mit schwarzem Kopftuch, die oben in der Bodenstube hauste und die Aufwärterin der Tanten war. Mehr für Wohnung und gute Behandlung als Lohn; denn sie bezog Rente und fühlte sich als Familienmitglied, weil sie mal »bei der jungen Frau Doktor«, wie sie Großmama nannte, Kindermädchen gewesen war.

Hinter Frau Bressem zog wie ein Hündchen »Peter« her, ein über die Maßen dicker, gefleckter Kater mit schwarzer Maske überm weißen Gesicht, aus der die Stachelbeeraugen funkelten, »dämonisch«, wie Tante Deta sagte, die ihn eines Morgens am Wasser vom Tod losgebeten und heimlich unter den mickrigen Eschenbaum im Hof geschmuggelt hatte. Er hatte eine Vorliebe für diesen Platz behalten und bewohnte dort an schönen Tagen sein Lusthaus in einem alten Flaschenkorb, tagsüber die Küche, wo an dem Holzstuhl ein kleiner Teddybär für ihn zum Spielen hing. Niemals durfte er in Utes Zimmer im Halbstock, weil da ihr Kanarienvogel herumspazierte, der nur zur Nacht in sein Bauer ging.
»Tante Ute ist so streng!« klagte Katrinchen, als sie Mandeln schnitt zum Blitzkuchen und Peter jammernd die Treppe herunterfegte und zitternd unter den Holzstuhl kauerte.
»Ja«, sagte Tante Lusche, »sie ist wie Mama!«
»War Großmama streng? Väti sagt doch immer, wie gut sie war.« – »Ach Kind, zu uns. Aber sie war eben ein Mensch mit Grundsätzen.« Tante Lusche seufzte ein bißchen und rührte langsamer im Kuchenteig. »Darum ließ sie uns nicht zur Urgroßmama.«
Es war das erstemal seit dem Ankunftsabend, daß Katrinchen davon sprach, und wie Tante Lusche sie ansah mit den grauen Augen, fühlte sie, es war nicht gut gewesen, davon anzufangen. »Ich denke, du streichst jetzt das Blech aus. Die Butter ist schon geschmolzen. Und dann schiebe ich ein, und du gehst mit Deta noch ein Endchen spazieren. Eben geht der kleine Paul fort, und die Sonne kommt auch vor. Ihr könnt noch etwas Obst mitbringen.«

*

So trottete Katrinchen dann neben Tante Deta in den klaren Märzmittag. Diese war ihre Führerin geworden durch die alte Stadt. Die Heimatliebe und wohl auch die -kenntnis waren bei allen drei Schwestern gleich. Aber Tante Deta schüttelte am schnellsten Stundenmüdigkeit und Haussorgen ab, wurde mit Katrinchen jung, bestaunte Beischläge, Giebelvergoldung, Hausmarken und geschnitzte Türen, als sähe sie auch alles zum erstenmal, kannte dabei hundert Geschichten von jedem Haus und erfand rasch noch eine dazu. So sah Katrinchen denn auf die unterhaltsamste Art die Stadt, entdeckte mit Tante Deta eine glühende Liebe für die Straßen »am Wasser« mit Kähnen und Dampfern, mit »Ship-broker-Läden« in wackligen Giebelhäusern und den fliegenden Schildern der Gewerke und der spielzeughaften, edlen kleinen »Börse« mit den grünen Türen. Malte sich in angenehmem Gruseln aus, was für Schätze fremde Matrosen wohl im »Ankauf von Pretiosen sowie Knochen, Lumpen und Alteisen« versetzen könnten und wie der Mann, der »Tätowierungen rasch und sicher entfernt«, wohl aussehen möchte.

Sie kamen in alte Stiftshöfe, deren balkengetragene Kanzeleingänge, deren Veranden und Erker noch etwas von Süddeutschland und vorlutherischer Zeit bewahrten. Tauchten in die dämmernde Wucht riesiger Backsteinkirchen, betrachteten ehrfurchtsvoll und ein bißchen beklommen die erstarrte Unrast spätgotischer Prunkaltäre und legten erste Schneeglöckchensträuße vor die sandsteinerne Kreuzabnahme des Kriegerdenkmals, dessen schlichte Trauer zu ihren Herzen sprach. Dazwischen, allzu mächtig durchschüttelt von der edlen Trübsal eines zum Obstladen entwürdigten Patrizierhauses, einem im warmen Westwind verwehten Orgelgedröhn aus der Kirche oder erstem Starenruf hinter der Stiftsmauer, stärkten sie sich in der berühmten Konditorei, wo es noch »Luccaaugen« gab, was Tante Deta zu glühend vorgetragenen, von Katrinchen mit der Schokolade andächtig eingesogenen Erinnerungen an die schönäugige Sängerin begeisterte.

Zuweilen zogen sie es vor – bei Kassenebbe und nach Ermahnungen von Tante Ute –, ihr Kuchenverlangen mit Verwandtschaftsbesuchen zu verbinden. Es gab fast in jeder Straße ein Ehepaar, das für Katrinchen immer wieder wie Onkel Gottlieb und Tante Amanda aussah – oder eine Jugendfreundin von Väti und den Tanten, alle mit kleinen Abwandlungen ähnlich dem Fräulein aus der Niederung. Auch eine ganze Anzahl Onkel tauchte auf, alle sehr umgänglich und sämtlich – wie auch die meisten unverheirateten Tanten – im Besitz eines Flügels, einer Geige und eines großen Bücherspindes.
Es war immer ein bißchen wie Examen bei ihnen. Auch erfand sich, daß Willy und Leni bei ihnen im besten Andenken standen, Rudi und Grete aber »auch merkwürdig wenig gewußt hatten!«
Dafür wurden die musikalischen Kenntnisse der Marburger gepriesen und mit Bedauern festgestellt, daß Katrinchens Bildung auch hierin Lücken aufwies. Da es aber erwiesen, daß der Sinn für Musik durch liebevolle Pflege entwickelt wird, so mußte Katrinchen – weil die Tanten zu belastet waren, um einen Eilkursus zu übernehmen – zu den Quartettsonntagen und Musikabenden bei den verschiedenen Onkeln und Tanten. Es zeigte sich aber, daß Katrinchen niemals Mozart von Brahms unterscheiden konnte, weshalb ihr Musikleben auf die Sonnabende zu Hause beschränkt wurde, wo ein Kreis alter Freunde und erwachsener Schüler sich bei den Tanten oben in Detas Blumenzimmer versammelte.
Katrinchen durfte die alten englischen Teetassen mit den braunen Schweizerbildern herumreichen und die bunten Meißner Körbchen mit Räderkuchen und Mürbeteigplätzchen, deren stille Vertilgung ihr half, die längste Sonate mit einer Fassung zu ertragen, die fast wie Aufmerksamkeit wirkte und nur vor Utes scharfen Vergißmeinnichtaugen in

schuldbewußte Verwirrung umschlug. Dafür sah Katrinchen allerlei, was sonst den Musikversunkenen entging: das Spinnchen oben am Stuckfries, den Bubikopfschnitt der eleganten Lieblingsschülerin, Tante Luschens verzweifelten Kampf gegen ihre Übermüdung und auch, daß einer der Onkel, der Ysbrand, immer nach Tante Deta sah – gar nicht wie ein Onkel, sondern ein bißchen wie Väti Mutti angesehen hatte.
Aber das behielt Katrinchen für sich.

*

So verflossen Katrinchens Tage bei den Tanten, und es ging in die stille Woche und damit in die Ferien, die von allen drei Tanten ersehnt wurden; denn sie hielten sie pünktlich ein, und die Stunde, wenn der letzte Schüler abstampfte und die Etüden für eine Weile verstummten, war immer etwas großes und wurde wie ein Fest gefeiert.
Es gab hundert Plänchen für diese Ruhepause: einen Ausflug nach Cadinen als Glanzstück und Finale für Katrinchen. Eine Fahrt mit dem Dampfer nach der Nehrung als Adagio. Das Allegretto – Tante Ides Besuch mit großem Verwandtenkaffee um den Gründonnerstagskringel – wurde vorläufig noch unterschlagen. Es war die Überraschung der Tanten für Katrinchen, an der jede von ihnen herumnörgelte und die sie doch einträchtig liebten, am lebhaftesten Deta, die eine Art später Freundschaft an das Kind kettete, am ruhigsten Lusche und am leidenschaftlichsten Ute, was sie hinter Strenge, Stachligkeit und Kurzhalten verbarg. Aber am Palmsonntag, als Katrinchen ihr im Flur das Gesangbuch reichte und mit einem grünen Seidenbändchen rasch eine Tazette und einen glühendroten Weidenzweig mit pelzigen Kätzchen draufgebunden hatte, küßte sie Katrinchen rasch und drückte sie an sich. »Mein Silberfischchen!« sagte sie leise und strich über die dicken Zöpfe mit der schwarzen Schleife.

Katrinchen glühte und sang vor Freude in der Kirche beinahe richtig.
Es war ihr so recht beschwingt zumute in dieser Osterwoche. Sie schalt sich selbst darüber, wollte traurig sein und an Mutti denken, aber das Bild der Toten verwischte sich immer mehr. Nur der Tag im Doniswalde blieb, wie sie in der Mittagsonne im Liegestuhl beim Sausen der Säulentannen schlief, so still und blaß auf dem weißen Leinenkissen. Aber die Gesichter der Marburger schoben sich vor, sonnenverbrannt und lachend, und die freundlichen Gesichter der Tanten, die Verwandten hier, die Gassen und Gäßchen, die schaukelnden Obstkähne am Wasser, die Beischläge, die Giebelhäuser. Ach, es war schön, hier zu sein!
So gediehen die Briefe an Väti gar nicht recht, und auch die Karten nach Marburg beschränkten sich auf »tausend herzliche Grüße«. Nun sollte aber jeder dort einzeln eine besonders schöne als Ostergruß erhalten, Willy die allerschönste, mit dem Hof des Heiligen-Geist-Hospitals, und Väti eine mit dem Markttor.
Es war am Mittwoch, als Katrinchen dieses Tante Lusche erzählte, mit der sie alle Einkäufe beriet; denn Tante Lusche hatte Katrinchen in alle ihre Bezugsquellen eingeführt und verließ sich jetzt auf sie beim Einkauf. Sie hatte schon einen langen Besorgungszettel in Anbetracht des morgenden Kaffees. Eben aber entdeckte sie, daß der Schnittlauchtopf nicht mehr üppig genug grünte für das Gründonnerstagrührei – das wie der erste Spinat zu den Gerichten dieses Halbfeiertags gehörte, dessen frühlingsheitere Weltlichkeit sich so tröstend für das schwache Fleisch vor das magere Fischgericht des Karfreitags schob. Nun, dies alles lag noch, wie das sonnabendliche Backen und Eierfärben, in gleichem Abstand wie das eben überstandene Reinmachen, und vorläufig hieß die Parole Schnittlauch und Petersilie zum Schinkengarnieren.

Am Frischen Haff

Da die anderen Dinge zum Kaffee besser morgen früh in Ruhe besorgt wurden, der Händler aber, der das Grüne »direkt vom Gärtner« in seinem Obst- und Eierkrämchen freihielt, ganz nahe an dem Papierlädchen wohnte, das Tante Lusche begönnerte, so war es das Gegebene, daß Katrinchen den Postkarteneinkauf mit diesem Gang verband.
So wanderte sie nun mit Luschens goldbraunem Holländerkörbchen am Arm durch den späten Nachmittag über den Marktplatz. Es ging auf Frost und aus den zerrissenen Wolken, die über den blassen Himmel jagten, krümelte ein feiner Schnee, der aber gar nicht winterlich, sondern frisch wie Schlehdornblüten roch. Der Wind war kalt, aber scharf

und frisch und trug das Quietschen der Elektrischen, die Stimmen der Fußgänger hallend durch die Luft. Auf den roten Dächern, auf den zierlichen Giebeln lag noch ein letztes Tageslicht und die Baumwipfel in den Gärten standen schwarz und spitzenfein in der blauen Helle.

Katrinchen lief eilfertig durch die Gassen zu dem Hökerlädchen, stieß die Tür mit der gellenden Klingel auf, wurde als gediegene Kundin mit Hochachtung empfangen und erstand zu Schnittlauchtopf, Petersilienbund und weißen Käschen noch einen Veilchenstrauß – eine dunkellila Kugel voll unirdischer Süße und Weichheit in einem Rund leuchtend grüner herzrunder Blättchen, das die hübsche dicke Krämerin aus einem Einmachglas zog. Katrinchen wußte noch nicht recht, welcher der Tanten sie es stiften würde. Immer wieder schwankte sie, wenn sie die Nase in den himmlischen Duft vergrub, um dann selig betrunken weiterzutaumeln in den Vorfrühlingsabend, durch dessen wachsende Schatten die Laternen gelbgrün ankämpften, während oben an dem tiefblauenden Himmel die kaltgrauen Wolkenfetzen fortzogen und den silberweißen Mond freigaben, zu dem Katrinchen mit von Festvorfreude und Frühlingsglück durchglühtem Herzen emporlächelte.

Sie zog die reine, starke Luft ein, sog an der Veilchensüße, rannte gegen alle Leute, sah halb im Traum ein Schaufenster mit schmetterlingsbunten Frühlingshüten, sah ein anderes mit straußfedergroßen weißen Fliedertrauben über blau und rotem Hyazinthenflor und merkte auf einmal mit Schrecken, daß sie sich verlaufen hatte und Straße und Seitengasse ihr ganz fremd vorkamen. Dazu schlug es von irgendwoher Dreiviertel und sie entsann sich bänglich, daß Tante Lusche ihr dringend anbefohlen hatte, spätestens um halb sieben zu Hause zu sein. Sie kreuzte die Straße und versuchte vergeblich im Flackerlicht einer allzu entfernten Laterne den Namen der Seitengasse zu lesen.

Da huschte etwas um ihre Füße und sie gewahrte einen schneeweißen großen Spitz, der seinen edlen kleinen Kopf wie fragend nach ihr drehte. Sie lockte ihn leise, hielt das Veilchensträußchen hin und mußte leise lachen, wie er lautlos und geschickt danach hochsprang. »Führ mich!« sagte sie, vergnügt, daß ihr dieser Entschluß die Peinlichkeit ersparte, einen Fremden nach dem Weg zu fragen.
Als hätte der Spitz ihre Worte verstanden, bog er in die Gasse ein, die dunkel zwischen Gartenmauern und Handwerkerhäuschen hinführte, ein schachtschmaler Gang, der Katrinchen beängstigt hätte ohne ihren Führer, dessen schneeiger Seidenglanz aus dem Dunkel leuchtete.
Nun blieb er stehen, sprang wieder hoch, blickte aus dunklen Augen verständig zu ihr empor, kam so nahe, als ob er sich streicheln lassen wollte, und sprang dann rasch um die Ecke, so rasch, daß sie ihm atemlos, das Körbchen fest an sich gedrückt, folgte, zuletzt lachend, und in atemlosem Lauf, bei dem ihr jetzt erst einfiel, daß sie ihren Postkarteneinkauf ganz vergessen hatte. Das verdroß sie; denn morgen würde es kaum gehen mit dem Schreiben, und so kämen sie sicher zu spät zum Fest. Zwischen Grübeln und Laufen achtete sie gar nicht auf den Weg, sondern folgte dem Spitz, der jetzt eilig ein paar flache Stufen in die Höhe schoß. Erkannte dann in der Dämmerung den platzartig gegitterten Vorbau mit den hellen Sandsteinfliesen, die Läden, die dunkle Tür mit dem Messingschloß, stieß einen kurzen Schrei froher Überraschung aus, sich so bald zu Hause zu finden, wunderte sich ein bißchen, daß die Tür halb offen stand und der Spitz hineinglitt, stürzte ihm nach – und fand sich plötzlich in einem ganz fremden Haus.
Wo bei den Tanten die Glastür war, starrte hier nur noch das Türgerüst des Windfangs, schmierig gelb übermalt und staubbedeckt, wie die Wand und die bunte Glasrose mit der elektrischen Birne, die sinnlos angebracht aus einem Schnitz-

feld der verräucherten niedrigen Decke hing. Der Flur ging wabentief nach hinten, und eine breite, niedrige Treppe war gerade noch erkennbar. Darüber, weit vorgeschoben, dann in kühner Schwingung zurückweichend die breite Plattform des Gangelstocks mit mächtigem Geländer, dessen große Tulipanen sich schwarzdunkel abzeichneten, denn ein Licht qualmte da oben irgendwo auf einem wackligen Tisch und zeigte aufzuckend die schönen Eckschränke mit den geschnitzten Bekrönungen. Dort glitt der weiße Spitz glänzend und licht treppauf und an den Tulipanen vorbei zu der Gangelstube, deren Fenster mit dem zierlich geschwungenen Holzwerk auf ihr kleineres Gegenüber starrten, das erkerartig über der hohen eichenen Flügeltür mit dem geschnitzten Merkurstab hing.
Katrinchen lehnte an dieser Tür. Fremd war zuerst alles, halbfinster, verstaubt und unwirtlich. Aber ihr Herz schlug laut, als sie rundum blickte in entzücktem Erkennen. Die Türen, die Fenster, die Treppe – ja, alles hatte sie doch hundertmal gesehen. Nur rein und schön war alles gewesen, und hinten, wo jetzt die schwarze Dunkelheit war, hingen die großen Messingleuchter an der niedrigen Glastür und oben die achteckige Ampel mit dem dicken Licht. Und in der großen Gangelstube schwebte die weiße Glasschale an den blanken Ketten überm Ebenholztisch und vorm holländischen Ofen stand der Samowar –
Sie hob die Augen. Die eine kleine Raute oben stand offen, es war dunkel in dem Teezimmer. Aber jemand neigte sich aus dem kleinen Fenster, jemand in einem fließenden weißen Schal. In dem Dämmerschein des verstaubten Lichts kam ein liebliches Gesicht, kamen rotkehlchendunkle Augen, kam ein Lächeln, so süß wie der Veilchenstrauß, in den Katrinchen ihr tränenströmendes Gesicht vergrub.
»Was willst du hier? Willst wohl prachern?« Eine alte Frau in uraltmodischer, engtaillierter Plüschjacke stand vor Katrin-

chen und besah sie mißtrauisch. Dann fügte sie freundlicher, nach genauer Musterung von Katrinchens Hut und Mäntelchen, hinzu: »Sie wollen wohl das Haus besehen? Da kommen Sie am Tag!« Und ehe Katrinchen sich's versah, hatte die Alte sie zur Tür hinausgeschoben. Richtig, da war der messingene Morgenstern. Sehr blind war er. Wie hatte sie ihn übersehen können!

*

So taumelte sie nach Haus, durch die breite Straße, in der sie sich plötzlich fand, durch wohlvertrautes Gelärme in die stille Seitenstraße. Eine Droschke hielt da, der Kutscher hob einen kleinen Koffer herunter, in der Haustür stand Frau Bressem und sagte: »Na Fräulein Idche, nu all?« und Katrinchen setzte das Körbchen auf die Sandsteinplatte und flüchtete in Tante Ides breite, mütterliche Wärme.

Als sie dann abends im kornblumenblauen Zimmer um den runden Tisch am Ripssofa saßen – ganz wie am ersten Abend, nur in der Mitte stand ein Strauß von bleichsüchtigen Osterruten und goldgelben Trompetennarzissen –, da erzählte Katrinchen, geborgen in Tante Ides Arm und den Blick der Rotkehlchenaugen über ihrem Gesicht, von allem: von der Hökerin und dem Veilchenstrauß »für dich, Tante Ide, nein, für euch alle«, von ihrem Verirren und ihrer Angst, von dem weißen Spitz, und dem alten Haus, von dem gütigen Blick aus dem Fenster der holländischen Stube, dem Schimmern des weißen Schals und dem bösen alten Frauchen im Flur.

Es war ganz still in dem blauen Zimmer. Bloß das Wasser im Teekessel sang. Denn Tante Lusche braute Ide zu Ehren noch einen kleinen Glühwein als Nachtisch.

Es flog kein kalter Wind durchs Zimmer. Tante Detas Gesicht blieb weich und rund und Tante Utes Gesicht porzellanzart in klarer Freundlichkeit wie immer. Tante Lusche

suchte ihr Taschentuch aus der Schürzentasche und schneuzte sich so laut und lange wie Onkel Gottlieb.
Endlich sagte Tante Ide: »Und du erkanntest es?«
Katrinchens Augen, in die das Lampenlicht schien, strahlten bernsteinklar. »Gleich! – Wenn's auch so anders war. Damals war alles schön.«
»Du sahst es doch nie«, murmelte Ute. »Wir alle nicht. Keiner erzählte dir – –«
Katrinchen richtete sich auf, ein bißchen verwundert. »Aber Tante Ute, es war doch Urgroßmutters Haus!« Sie legte die Arme auf den Tisch und den Kopf darauf: »Du würdest es doch auch erkennen!«
»Ich weiß nicht«, sagte Ute schwankend, stand auf und ging an den Sekretär.
Tante Lusche ging ans Büfett und holte das weißbesponnene böhmische Glas: »Da wollen wir den Veilchenstrauß einsetzen und vor ihr Bild stellen!«
Aber es erwies sich, daß die Veilchen nicht mehr da waren, nirgends. Sie waren alle verstummt, als Katrinchen mit Suchen aufhörte und ein bißchen bebend sagte: »Die muß ich dort im Flur verloren haben.«
Nur Lusche richtete sich rasch aus ihrer Versunkenheit auf und meinte: »Na, da wird sich die Alte gefreut haben!« und stellte das Glas wieder fort. »Oder wer anders«, sagte Tante Ide leise. »Dann trag die Osterruten vor ihr Bild, Kind!«
Sie trat mit Katrinchen an das Luisentischchen und hob den Schirm von der Lampe, ehe sie anknipste. Das schöne Gesicht oben blühte und lächelte in froher Lieblichkeit.
»Ja«, flüsterte Katrinchen, »so sah sie aus – so gut. Bloß gut!«
Tante Deta saß ganz allein am Tisch, stützte den Kopf in die Linke, zog mit dem Ringfinger Schnörkel über das Damasttuch, sah ins Leere und sagte mit großoffnen Augen und brennendem Gesicht vor sich hin: »Wenn so was noch gut werden kann, nach so langer Zeit – –«

Aber die andern hörten sie nicht, denn Ute schob gerade die Rollwand des Sekretärs hoch und schloß die Schränkchentür des Mittelfachs auf, während Lusche mit dem Lämpchen hineinleuchtete. Da lagen allerlei bebänderte und versiegelte Päckchen, eine ganz dicke Bibel und ein kleines schwarzes abgegriffenes Buch mit blankem Goldschnitt, das Lusche vorsichtig vorzog.
»Nun, Thomas Hämmerlein«, sagte Lusche, als spräche sie zu einem Menschen, und stellte das Bändchen auf die grüne Friesplatte, als wollte sie daraus wahrsagen. Aber dann nickte sie Katrinchen zu: »Nein, Kind, schlag du auf!«
Katrinchen nahm das Büchelchen, bewunderte dabei die zierliche Goldpressung des Deckels und den Maienglanz des blanken grünen Vorsatzpapiers und reichte das Buch Lusche hin. Die las zurückgebogen – denn die Brille war nirgends zu sehen, und sie mochte nicht von dem Bild fort: »Von den Werken, die aus Liebe geschehn.«
Sie räusperte sich ein bißchen danach und wandte sich um, um nun nach den Bildern der Eltern zu sehen, die über dem brauen Ripssofa so lebendig und wie fragend herblickten.
»Ja – unser Silberfischchen«, sagte Ute und drehte das Lämpchen aus. Aber wie sie nun das kleine Buch nehmen und in den Sekretär legen wollte, war Katrinchen schon mit Lusche an den Eßtisch getreten und hatte mit großen Augen die zierlichen festen Schriftzüge auf der ersten Seite betrachtet, die bräunlich verblichen auf dem stockfleckigen Papier standen: »Katharina Mathilde Seyler«.
»Aber das bin doch ich!« murmelte sie und wurde ganz blaß. Ehe die Tanten, auch die nun mit ganz jungem Lächeln wie aus einem Traum erwachende Deta, etwas sagen konnten, sah sie, was in kleinerer Schrift unten stand: »Von meinem geliebten Wilhelm am Tag seiner glücklichen! Heimkehr aus Lissabon. Gründonnerstag 1850«.
»Ja«, sagte Lusche und setzte sich neben Ide auf das braune

Sofa, »eigentlich solltest du es erst morgen früh bekommen, mit dem Kringel. Aber ich denke, wir schenken es dir schon heute. Den Namen können wir ja lassen – und das Datum – na, das wirst du ja behalten!« Sie blickten alle vier auf Katrinchen, die immer noch, vor Freude errötend, auf die Schriftzüge sah, in den das K und der frohe Schwung des S sie so vertraut anmuteten.
»Oder sollen wir schreiben: An dem Mittwoch vor Ostern, als Katrinchen . . .«
Aber Katrinchen unterbrach sie. Weit auf den Tisch gestützt, blickte sie zärtlich mit den plötzlich in Tränen schwimmenden, glänzenden dunklen Augen die Tanten an, und dann wandte sie sich halb zurück nach dem Bild:
– »als sie glücklich nach Hause kam«!

Sommernacht

Das Land lag hellgrün, sacht aus sich selbst strahlend, unter der gläsernen Klarheit der Juninacht. Ein ganz leiser Wind lief durch den Roggenschlag über den Wiesenhang herauf und bewegte die Kronen der alten Linden am Kirchhofsberg. Ein Duft von Flieder und Heu war in der taufeuchten Kühle. Und nun ganz gedämpft von dem sammetweichen Staub des Feldwegs, Hufschlag.
Der alte Mann, der zusammengesunken auf der weißen Holzbank an dem schiefen Lattenzaun bei den Gräbern saß, hob den Kopf. Er horchte, ohne die Lider zu heben, ohne die gefalteten Hände auseinanderzunehmen mit ganz zur Seite gewandtem Gesicht und halb geöffnetem Mund. Ein Reiter, zwei, der andere im Abstand. Das Pferd des ersten schritt sacht, sacht – der blinde Mann lächelte unbewußt. Nun hielten sie. Erst sprang der ab, der weiter unten hielt. Nun half er

dem am Kirchhofsberg. Hoch sprang der herunter, schwer! Er befahl etwas. »Franzosen!« sagte der Alte ganz leise, erschrocken. Ein Schritt kam näher auf dem festen Weg, ein kurzer, rascher, herrischer Schritt. Der alte Mann neigte sich vor, der Schritt stockte. Er hob ein wenig abwehrend die Linke. Unruhe kam von dem, der da stand, Strenges, Lähmendes.

»Was tut Er da?« fragte der Fremde, betroffen über die Gestalt auf der Kirchhofsbank und mit einem leisen Atem der Überraschung, als die Antwort auf Französisch kam: »Ich warte auf meine Tochter. Sie soll mich abholen und muß sich verspätet haben.«

»Ihr könnt nicht sehn?« – »Ich bin auf der Flucht erblindet.« Der Alte neigte den Kopf. »Aber es ist, als ob ich es doch noch sehe, ganz genau. Ich kenne doch alles.«

»Wohnt Ihr hier?«

»Wir haben hier gewohnt. Sind jetzt bei Verwandten. Ich wollte noch einmal an die Gräber.«

»Ihr hattet die Mühle?«

Der Alte lächelte ganz leise, er schüttelte den Kopf. »Das ganze Dorf brannte herunter, als die Franzosen unsere Mühle ansteckten. Auch das Pfarrhaus.«

Es war eine Weile ganz still. Eine Reitgerte pfiff durch die Luft und schlug an feines Leder. Ein Absatz hämmerte gegen einen Stein. »Also Herr Pfarrer – Geistliche pflegen ihre Gegend ja gut zu kennen –, was sieht man von diesem Hügel?«

Sehr leise, sanft kam die Antwort: »Man sieht le pays bossu des petites collines, mein Herr Offizier. Das Hockerland – wie es die Deutschen Ritter nannten. Es ist viel gekämpft um dieses Land. Es ist sehr fruchtbar.«

»Das sieht man nicht.«

»Das sieht man nirgends, wo die Armee herüberging.«

»Sie haben Mut, Herr Pfarrer!«

»Was sollte ich noch fürchten?« Groß und blicklos sahen die erloschenen Augen empor. Ein Windstoß rauschte, am Zaun schnoberten die Pferde, ungeduldig klopfte ein Huf.
»Was sieht man nach Norden von diesem Hügel?«
»Man sieht das Abendrot, das um den Höhenzug hinter dem Drausensee wandert.«
»Und nach Westen?«
»Nach Westen sieht man den großen Baum vor Marienburg. Und Deutschland.« – »Ihr könnt weit sehn – in Eurer Phantasie. Ihr seht was es nicht gibt. Nicht mehr gibt.«
»Ich sehe was ich sah.«
»Und nach Süden? – Nein das will ich nicht hören. Aber nach Osten, was sieht man nach Osten?«
Der Alte richtet sich auf, beugte sich vor, reckte den Arm und wies geradeaus: »Rußland.«
Es atmete an seiner Schulter, rasch und schwer. »Ihr habt eine sonderbare Geographie, Herr Pfarrer.« Das bartlose Gesicht lächelte. »Ich dachte an meine Jugend, ich war Hauslehrer in Moskau. Und Sie haben auch daran gedacht, das fühle ich – o!« Er hob die Hand wie abwehrend. »Wie sehr denken Sie daran!«
Er fuhr mit der Hand über das lange graue Haar, an die Schläfen. »Es tut weh, es wird mir schwindelig, wie auf einer Brücke ist es. Als ob unten Wasser vorbeifließt, soviel Wasser.«
Er bedeckte die beiden Augen mit den Händen. Vornübergebeugt saß er da, ein leiser Klagelaut kam aus seinem Mund. Nach einer kleinen Weile richtete er sich auf. Der Wind strich kühl über sein Gesicht, das Gittertor schlug klirrend zu, Hufschlag verklang auf dem Weg.
Es rauschte im Gebüsch am Zaun und eine leise Stimme flüsterte: »Väterchen! Haben Sie sehr gewartet? Ich sah die Reiter vom Schloß kommen, da versteckte ich mich im Holunder, bekam solche Angst vor dem Schwarzen. Eine

Der Dom in Frauenburg

blaue Affenjacke hat er an, fletschte die Zähne!« – »Und der andere?«
»Der kleine Offizier, der mit Ihnen sprach? Der hat einen grauen Mantel. Jetzt biegt er in die Kastanienallee, der Schimmel ist immer noch zu sehen. Ach – im Schloß werden die Fenster hell!«
»Laß das Schloß. Sieh lieber nach drüben. Der Mühlengrund und die Kirche, das ist wohl noch wie immer. Kannst du noch was von unserm Haus erkennen?«
»Es steht ja bloß noch der Schlot. Aber in dem Storchnest drauf steht ein Storch. Und die Fliederhecke am Bleichplatz blüht.«
»Weine nicht, Luise. Sag der Mutter adieu.« Er legte die Hand auf das schwarze Grabkreuz und streichelte das Holz. »Wir müssen fort. Um zwei will der Eggert mit dem Wagen am Wehr auf uns warten, gib mir den Stock, er liegt auf dem Grab. Was gibt es, Kind?« Er tastete nach ihrer Hand, sie

drückte die seine. »Ach Vaterchen, da im Osten – ich dachte es brennt. Es ist der Mond, so rot! Nun wird's heller. Wie Feuer. Nein, wie ein Heiligenschein.«
»Dann komm, ehe er höher steigt.« Er zögerte aber einen Augenblick. »Wie sieht das Land aus, Kind? Ist es grün? Und wie heißt es?«
»Es ist ganz grün, Vaterchen. So grün wie ein Marienblatt. Und es heißt» – sie seufzte ganz leise – »es heißt Heimat.«

Wormditt

Das rote Herz des Ermlands bin ich.
Wormditt nannten sie mich,
Die Vergangnen, deren Herz in meinem geschlagen.
In fernen Tagen
Wuchs ich auf neben den schönen Lauben,
Die meine schlesischen Kinder um den Markt gebaut.
Sie freiten dies Land wie eine reiche Braut,
Junge Bauernsöhne, die mit schweren braunen Pferden [kamen,
Die bedächtig Acker und Hof in Augenschein nahmen.
Vor meinem goldblanken Altar sind sie getraut,
Zum roten Rathaus – wie eine Glucke liegt es inmitten
Kleiner Häuschen, die unter sein Backsteingefieder
Ängstlich vorm Marktlärm ducken nieder –
Ist der Brautzug zum Frühtrunk geschritten.
Kinder lärmten unter den Lauben wie heut.
Über die Dächer kreisten Tauben. Mein Mittagsgeläut
Ging gemach, wiegend über das Storchnest am Rathaus- [dach.

Grün wie ein Lindenblatt sah Wintersaat über roten
[Dächerzug,
Bunt wie ein Bauerntuch breitete sich das Land um meine
[Stadt.

Hügel hob sich an Hügel, ackerbraun, sanft wie ein Tier.
Erlengrund, aus dem silberne Bachschlange sah.
Tannendunkles, harzduftendes Waldrevier.
Linden, moosig und silbergrün, uralten Heerweg
[geleitend,
Linden, flachsblondes Blühn über Laubenhäuser breitend,
Fachwerkbunte, vor langen Scheuern und Strohdach-
[ställen,
Ziehbrunnengeknarr und Peitschengeknall, Viehbrüllen
[und Bellen –
Und überall, an schweren Alltags staubigem Straßenrand,
Wegweiser des Himmels, Schrein und Kreuze stand.
Und weit über Feld verstreut,
Von den Staffeltürmen, den roten,
Hat mir den Brudergruß geboten
Dorf um Dorf, mit verhallendem Geläut – – –

Zum erstenmal in Masuren

Das Wort Masuren, geheimnisvoll und verlockend, hörte ich zuerst an unseren Familiensonntagen im Winter, wenn meines Vaters Verwandte zu Besuch kamen. Alle waren sie als Beamte und Ärzte in den Landstädtchen dort unten gewesen, hatten da ihre glücklichsten Jahre verlebt und besaßen immer noch dort in Stadt und Land Verwandte und treue Freunde. Sie sprachen von Neidenburg, von Osterode, von den Dörfern da unten wie man nur von fernem Jugendland spricht, so wie meine Mutter von Gumbinnen und Tilsit. Es war ihnen so gegenwärtig, daß sie es nie schilderten, wie etwa die Landschaften ihrer seltenen Reisen. Immer wieder kamen drei Worte in ihrem Erzählen vor: der Markt, der Wald und der See! So wurden auch diese drei für mich das Wichtigste dabei, ich wünschte mir sehnlichst, das alles zu sehen.

Wenn auch »Kinderfragen mit Zucker bestreut« damals gar nicht beliebt waren, so hatte ich doch vorsichtig in Erfahrung gebracht, daß Marggrabowa (das spätere Treuburg) den größten deutschen Marktplatz besaß, auf dem alle Herden Ostpreußens gleichzeitig Platz fanden. Meiner Eltern Erwähnung – die sich verpflichtet fühlten, die Ehre der Pregelgaue zu verteidigen –, wie bedeutend der Pferdemarkt Wehlaus wäre, wurde von der Tante, die vor Eifer ihre besten Trümpfe offen auf den Whisttisch legte, mit großartiger Handbewegung abgetan. Dann tätschelte sie mich auf den Kopf und sagte siegesgewiß: »Du wist ja sehn!«

Diese selbe Tante hatte mir auch erzählt, daß alle Blaubeeren aus Masuren kämen. Nun stammten unsere, die in den grünlichen Braunbierflaschen wohlversiegelt im Keller lagen, aus der Fritzener Forst. Das wußte ich vom Einkaufen und meiner abfärbenden Hilfe beim Einmachen, aber das tat der Vorstellung, die mich fortan beherrschte, keinen Abbruch: daß Masuren einen Teppich von Blaubeeren hätte! Jeden Sommer, wenn die Blaubeerzeit nahte, brachte ich das Familiengespräch auf das Wunschland der Verwandtschaft. Aber unsere Sommerfrische wurde immer wieder Cranz. Einfach aus dem Grunde, daß eine richtige Bahn dorthin fuhr, die arbeitsmüde Väter zu den Ihrigen auf die Holzveranda trug und ihnen am Sonnabend sogar den Genuß des Sonnenuntergangs bescherte. Masuren war und blieb »viel zu weit«. Außerdem erzählte am Strand, als wir uns nach dem Baden so recht gemütlich sonnten, ein Mädchen aus Masuren von riesenhaften Fischen, die in den großen Seen hausten. Da ich wußte, daß solche Ungeheuer leichtsinnige Kinder gern am Bein in die Tiefe ziehen, da außerdem einer der Onkel von jähen Stürmen dort erzählt hatte, die alle Boote zum Kentern brachten, falls sie nicht den fleißigen Fischern gehörten, so empfand ich den ganzen Schrecken des Landgeborenen, der keine Seefahrer unter seinen Ahnen hat, vor solchem nassen Tod. Ich beschloß, mich ganz an den Blaubeerwald zu halten, falls es doch zu der Fahrt nach Masuren käme. Die Verwandten hatten Besuch aus Neidenburg, und so kam es, daß dieser für damaliger Zeit beinah abenteuerliche Plan immer wieder in den Abendgesprächen der Veranda auftauchte. Wir hatten nirgends dort Verwandtschaft auf dem Lande. Doch hörten wir von einer Gutsbesitzerfamilie, die Pensionäre nahm. Das war uns allen etwas ganz Neues, und zur Erläuterung wurde dann auch jedesmal gesagt, daß es Zugezogene wären, die durch Erbschaft auf dies Gut gelangt waren. Immer wieder wurde dieser Plan erwogen und endlich in den Herbstferien zur Wirklichkeit.

*

Es war meine erste größere Reise, und ich war von Korschen ab so übermüdet von meinen Reiseeindrücken und dem Geratter, daß ich mich auf nichts von unserer Ankunft besinnen kann. Das Wetter war denkbar schlecht. Tagelang heulte der Sturm, peitschte ein eisiger Regen an die Fenster des großen Giebelzimmers, in dem wir wohnten. Mit Verwunderung wurde ich dann gewahr, daß meine Mutter in einem Zustand stillen Glücks herumging, wie ich ihn nicht einmal in Cranz an ihr kannte. Das hellgetünchte Zimmer, die altmodischen Eschenmöbel, die hohen Kissen der Betten – alles erfüllte sie mit stiller Seligkeit, genau wie der Rauch- und Obstduft des großen Bodens davor. Jetzt weiß ich, daß es ihre glücklichsten Kindheitserinnerungen waren, die das alte

Gutshaus heraufbeschwor. Aber auch der Vater war ganz glücklich, sowohl unten an dem langen Gästetisch wie später am Abend, wenn man in dem langen, etwas kahlen Saal beisammensaß (wobei die Größeren der Jugend tanzten!). Aber am meisten abends in unserer Stube, wo wir drei um den großen Tisch zusammensaßen. Der Vater hatte aus dem Bücherschrank einen ganzen Stapel stockfleckiger Bändchen geangelt, in denen er mit Begeisterung alte Jugendlieben entdeckte, das »Kajütenbuch«, den »Wildtöter« und ähnliche, aus denen er ab und zu, vom Pfeifendampf umqualmt, der Mutter vorlas. Die saß, den Häkelhaken ungewohnt müßig in der Hand, und bewunderte die Schattenbilder auf der milchigen Lampenglocke, wo auch sie wieder in Paul und Virginie und Hannchen mit den Küchlein alte Freunde entdeckte.
Endlich hörte der Regen auf. Der Sturm vertrieb die Wolken, der schönste blaue Herbsthimmel stand über den fliehenden Nebelfetzen, und auf einmal lag da zu Mutters Entzücken vor unseren Fenstern ein richtiger alter Gutshof, an dem mich am meisten ein quietschendes Gattertor fesselte, auf dem zwei flachshaarige Kinder schaukelten. Meine Eltern planten einen Weg nach der Stadt. Ich verging vor Freude, mußte dann aber eine schwere Enttäuschung herunterwürgen, als es hieß, daß dieser Spaziergang bei dem immer noch brausenden Sturm viel zu weit für mich wäre. Auch durfte ich nicht auf den Hof. Ich mußte auf die Veranda, wo die rotbäckigen Haustöchter, die dort die Wirtschaft lernten, gerade beim Bohnenschnibbeln waren.
Ich saß recht unglücklich auf den noch feuchten Stufen herum und sah mit dem großen Jagdhund in den windzerwühlten Garten, durch dessen Bäume das helle Sonnenlicht schien.
Die großen Mädchen gefielen mir gar nicht, sie wollten mir keine Lieder vorsingen, lachten über meine Fragen und

erzählten sich über das Verandageländer mit dem jungen Eleven, von dem mein Vater gesagt hatte, daß er Fritz Triddelfitz hieße, worauf die Mutter mich beschworen hatte, den schnurrbärtgen Jüngling nie bei diesem Namen anzureden – weshalb ich jetzt darauf brannte. Er beachtete mich aber gar nicht. Was er den Mädchen erzählte, von einem Brief, einer Rose und einem Blümchen Vergißmeinnicht, fand ich langweilig und das Kichern der Mädchen ganz unverständlich. So stand ich denn auf und folgte dem alten Jagdhund in den Garten. Die paar Blumen in dem runden Beet um die Glaskugel lagen schwarz und verregnet, aber der nasse Rasen funkelte hellgrün unter den gelben Blättern, über den Gartenweg huschten Sonnenlicht und Schatten in lustigem Spiel und unten aus dem Grund glänzte ein kleiner Bach. An dem ganzen Weg stand eine lichte Hecke von Haselbüschen, die der Sturm für uns schüttelte, der alte Treff und ich prasselten die Nüsse auf und schwelgten in der Gemeinsamkeit, die Kind und Tier bei einem guten Mahl noch verbindet. Es war eine so selige Mittagsstunde, daß ich sie bis heute unverändert in der Erinnerung bewahre und mit jeder frischen, milchigen Haselnuß noch einmal erlebe.

*

Auf meine Eltern freilich machte diese begeisterte Schilderung nicht ganz den Eindruck, den ich erwartet hatte, und sie beschlossen, mich von nun an auf allen Entdeckungsreisen mitzunehmen. Gleich der nächste Tag, wenn er auch nicht mehr so sonnig war, brachte eine solche mit sich. Irgend jemand mußte mit dem Wagen zu einem weitentlegenen Dorf fahren und so konnte er uns mitnehmen. Wir fuhren über eine sehr windige Chaussee mit großen, herbstlich leeren Feldern zur Seite. Der Wind biß, ich konnte kaum die Augen aufmachen und wurde schläfrig. Dann ratterten wir durch ein Dorf, das ich nicht als ein solches anerkennen wollte, weil es keine Kirche hatte, wie die Dörfer in Natangen und im Samland, die ich kannte. Wir stiegen vom Wagen, verabredeten eine feste Stunde für die Abfahrt und dann ging's in den Wald.

Ich war voll freudigster Erwartung, obwohl ich im Augenblick ganz den Blaubeerteppich vergessen hatte. Ich sah schon von weitem, daß der Wald, auf den wir zugingen, ganz anders war als die Wälder, die ich bisher gesehen: kein lichter Laubwald, wie die Schaar bei Löwenhagen, auch kein Tannendickicht zum Pilzelesen. Kein hopfenbehangener, sumpfiger Erlenwald, auch kein Dünenwald, wie die Plantage bei Cranz. Wohl leuchteten auch hier kupferne Kiefernstämme herüber, wohl orgelten die dunklen Kronen im Herbststurm wie See und Wald – aber diese dunkle Wand mit den riesigen Stämmen, die da vor uns aufwuchs, war groß und feierlich, wie ich noch nie etwas gesehen hatte. Am Wege standen noch ein paar graue Holzhäuser, schön gefügt und wunderbar behaglich, an deren Zäunen große Sonnenblumen blühten und schwarztraubiger Holunder stand. Diese freundlichen Häuschen nahmen mir jede Furcht vor dem weiten Waldweg, in den wir jetzt von der sandigen Straße bogen. Wie ein großes, schmales, dunkles Tor war er, in das wir schritten. Ich fühlte es, daß auch meine Eltern ebenso ergriffen waren wie ich, und faßte wie ein kleines Kind nach ihren Händen.

In der grünen Dämmerung war es ganz windstill. Hoch oben sah man silbergraue Wolken eilend hinziehn, aus unendlicher Höhe klang das Knarren der windgeschüttelten Äste, das heisere Gekrächze unsichtbarer Krähen und fernab ein seltsames, geisterhaftes Hämmern. Um uns hauchte der Herbstwald seinen herben, berauschenden Duft, der wie Brombeeren und Pilze ist. Wir bogen bald vom Wege ab in einen kleinen Steig. Hunderterlei sah ich auf diesem Waldweg, Farnkraut, groß wie ich selbst, schon braun und

rauschend, ein paar merkwürdige flache Pilze, große Kaddickbüsche, Preißelbeerkraut, von dem ich mir einen kleinen Strauß pflückte. Kleine hellrote Beeren standen daran, die ganz anders, herber und wilder schmeckten als die roten Preißelbeeren auf dem Markt.
In einer Lichtung, in der die großen Kiefernstämme vereinzelt wie ungeheure Säulen standen, spielte ein Eichkätzchen an der größten Kiefer mit uns Verstecken und in dem hohen, rötlich gelben Gras fand ich eine wunderschöne kleine Vogelfeder, golden-bräunlich und schwarzgetupft.

*

In einer kleinen Mulde machten wir Rast und horchten auf das sanft verebbende Lied der hohen Wipfel. Um mein Glück voll zu machen, fanden wir hier noch ein paar verspätete Blaubeeren, einige winzige Scabiosen und eine grünliche Ranke, von der meine Eltern sagten, daß sie Bärlapp hieße.
Dann wanderten wir weiter, nach dem Waldrand zu. Grüne Wintersaat schimmerte durch das Unterholz, das hier bis auf den Wiesenrand wanderte. Der Weg stieg an. Erst als wir oben waren, wo noch der Wind wehte, merkte ich, wie hoch wir jetzt standen. Vor uns aus der grünen Saat, die im Abendsonnenschein strahlte – denn die Sonne hatte doch noch einmal das Gewölk besiegt –, tauchte der Kopf eines fremdartigen Vogels auf, glänzender als der Hals eines Pfaus, mit goldbrauner Maske um die Augen: der funkelnde Stoß des Fasans, sein schwarz- und bronzegeflammtes Gefieder schwebten leuchtend an uns vorbei, als wollte er uns auf die Landschaft hinweisen, die sich nun vor uns breitete: große Hügel, höher und weitgeschwungener als die Dünen der Nehrung, lagen Kuppe an Kuppe vor uns mit braunen Ackerbreiten, mit grünen Saaten, mit verfahlenden Weidewiesen. Sie alle neigten sich zu dem blinkenden Spiegel eines

großen Sees. Nahe daran, spielzeugklein, lag eine Stadt mit rotem Kirchturm und rötlichen Dächern und fernab, auf den Hügeln hinter dem See, ja, in einem weiten Kranz um das ganze wellige Land lag dunkel und schirmend wie ein Wall der dunkle Hochwald unter dem unermeßlichen Abendhimmel, über dessen goldne Flut die purpurgesäumten, großen Abendwolken zogen.

Da wußte ich, wie ich heimlich die Hände meiner Eltern drückte, daß dies das Land Masuren war, von dem die Verwandten, die nun wieder bei uns wohnten, mit solcher Liebe gesprochen hatten und von dem ich nun endlich sagen konnte, daß ich es gesehen hatte!

Dorf in Masuren

Sonnwendtraum

(1900)

Der Holunder blühte.
In großen, baumartigen Kronen schoben sich die weißen Blütenteller über die Schindeln des Bienenstandes. Die Büsche drüben am Kuhstall reichten bis an die kleinen Gitterfenster, vom Geflügelhof leuchtete es grünlichweiß bis zum Tor, und hier im Garten floß das Blühen wie eine sich neigende Welle vom Gartenweg über den vermoosten Lattenzaun und den taubnesselbunten Lehmhang bis hinunter auf den Pflasterweg, über den eben der kleine braune Kastenwagen davonratterte. Der schwere, süße Duft der Dolden lag in der warmen Morgenluft, und manchmal trug ein Windstoß ersten Heuduft vom Hügelhang herüber, wo unter dem silbern schälenden Roggen das frischgemähte Wiesengras, wie in kleinen Wellen verrinnend, schon verblich.
All dieser Duft wehte über den Rasenplatz und die frischgeharkten Wege, über Schwertlinienbeete und eben sich öffnende Rosen zu der kleinen Holzveranda an dem weißen, niedrigen Gutshaus. Die Säulen daran waren wie Stufen und Geländer, silbrig von Moos und Alter, in den verwitterten Kästen standen Azaleen und Rosengeranien zwischen blühendem Ehrenpreis und gelbroten Kressen. Vor der halboffenen weißen Glastür des Gartenzimmers prangten sogar ein Kirschlorbeer und ein sehr alter Oleander in grüngestrichenen Kübeln. Mittelgroß und rundlich, mit schwarzer Seidenschürze über dem grauen Alpakakleid, das schwarze Spitzenhäubchen auf dem grauen Scheitel, stand die Hausfrau davor und betrachtete durch die funkelnden Brillengläser die rosigen Knospen, ehe sie sich seufzend wieder nach dem gedeckten Kaffeetisch wandte. Mitten auf der buntdurchwirkten Decke stand der runde Kornblumenstrauß, es wartete da unter der gestrickten Haube die große

Bunzlauer Kanne, ein feiner Kaffeeduft schwebte über dem Tisch. Über die Butter war ein feuchter Blumentopf gedeckt, der frische Honig im Glas war fest zugedeckt, aber es summte und brummte doch schon um die blaugeringelten Tassen. Die alte Frau setzte sich in ihren Korbstuhl, klapperte mit dem Teelöffel an dem Brotkorb und rief in den Garten hinunter: »Vatchen! wir wollen anfangen – dann kommen sie bestimmt!« Dabei sah sie mißbilligend auf die beiden bunten Mundtuchringe zur Rechten und Linken. Auf dem einen stand »Magda« in dem Ringelblumenkranz, auf dem anderen aber »Besuch«.

»Na, schlafen sie noch?« fragte der Vater, der nun, vom Rauch der Pfeife umqualmt, über den knirschenden Kiesweg herkam, begleitet von dem alten, braunen Treff. Die Pfeife wurde sorgsam auf das Kacheltischchen gelegt, Treff machte es sich in der Sonne auf der obersten Schwelle gemütlich, die bunte Katze Mauz legte sich beleidigt neben ihn, denn der Vater hatte sie vom Besuchsstuhl vertrieben. Er breitete behaglich das große Mundtuch aus. »Gieß ein, Muttchen! Die beiden Mädchen werden müde sein, ich hab sie gestern ordentlich rumkutschiert!» – »Ja, gleich bis in die Nacht. Du bist mir ein großartiger Fremdenführer für das zarte Rikchen. Tannenberg sollte es sein und du schleppst sie bis Frögenau durchs Land.«

»Na, es ist doch überall schön. Ich hatte den beiden ja so viel zu erzählen.«

»Die Magda hat's oft genug gehört –«

»Ja, aber die kleine Malerin noch nicht. Sie stammt doch auch aus uns'er Gegend, da muß sie das alles wissen.«

Er strich sich die gelbe Butter dick auf das schwarze Brot. Dann sagte er lobend: »Die kann gut zuhören!«

»Auch gut schlafen – nun dürfte sie endlich aufwachen«, meinte Muttchen, setzte die leere Tasse auf den Teller und griff nach dem Strickzeug. »Die Magda ist schon lang auf.«

Sie horchte. Vom Geflügelhof hinter der Fliederhecke klang freudiges Gegacker, es schiepste und flatterte, und eine dunkle Stimme, ganz ähnlich der ihren, lockte und beschwichtigte. Dann klirrte der Riegel, das kleine Heckentor kreischte, und auf dem Verandastufen stand im knatternden Nesselkleid Magda, bis auf die Stimme das Abbild des Vaters, mit derselben strengen Nase zwischen den graublauen Augen, aber über der steilen Stirn statt des grauen Struwelhaars einen blonden Scheitel und im Nacken einen Knoten wie eine Kornähre. »Oh, hab ich Hunger! Aber ich muß ja wohl warten.« Sie rief zu dem blitzenden Mansardenfenster hinauf: »Rikchen! Bist du fertig?«
Ein zarter Mädchenkopf sah heraus, auf dem welligen Haar glänzte die Sonne. In dicker Krause stand die blaue Malschürze um das kindlich weiche Gesicht, ein Pinsel schwebte über dem Fensterbrett.
»Gleich, gleich!«
»Sie ist schon lange auf«, meinte Magda stolz, »sie mußte bloß noch schnell was malen.«
»Jetzt? Auf nüchternen Magen?«
»Ja, was sie heut nacht geträumt hat!«
»Ach – hat sie was geträumt?« Das Stricknadelgeklimper verstummte, und Muttchens Augen sahen aufmerksam über die Brillengläser dem jungen Besuch entgegen, der nun, fast noch ein Kind, aus der Glastür trat und vorsichtig eine bemalte Pappe an den Oleanderkübel lehnte.
»Na, gut geschlafen?« fragte der Vater und ließ sich gleich seine Pfeife herüberreichen. Rikchen ließ sich von der Hausfrau mütterlich küssen und nahm das Brot aus Magdas Hand, das diese schon vorsorglich gestrichen. Das Wollmützchen wurde vom Ei gehoben, die Tasse gefüllt, die Sahne zugegossen. Rikchen fühlte die Güte und langte mit dem Hunger des Stadtkindes zu.
»Sind gewiß recht müde von gestern, wie?« fragte Muttchen.

»Mein Mann hat Sie so herumgeschleppt und wohl immerzu erzählt?«
»Alles weiß der Vater!« meinte Magda stolz. »Als ob die Schlacht von Tannenberg nicht vor fünfhundert Jahren war, sondern gestern und er dabei!«
»Bin ich auch gewesen! Einer von uns fiel dort auch. Dicht neben dem Hochmeister.«
Frau und Tochter lächelten sich verstohlen an und blickten gerührt in das greise Gesicht. Auch der kleine Gast sah freundlich und bewegt nach dem Alten, der sie ein bißchen verlegen mahnte: »Nehmen Sie, Kindchen, ist frischer Rapshonig. Ist ein gutes Jahr.«
»Ja, Ostpreußen ist schön!« bestätigte Rikchen. »Ich wollte es dem Großvater gar nicht glauben, wenn er das sagte und bloß noch einmal herwollte.«
»Nun sind Sie dafür gekommen!« Die beiden Alten sagten es beinah zärtlich und sahen der jungen Gestalt zu, wie sie nach dem Bild ging. Aber sie hielt es noch zu sich gewandt, während Magda rasch den Kaffeetisch abräumte. »Nun Kindchen«, sagte die alte Frau, »jetzt müssen sie uns erst Ihren Traum erzählen. Vorige Nacht haben Sie doch nichts geträumt?«
»Dieser gilt!« sagte Magda. Sie goß gerade die letzte Sahne in ein Tellerchen für Mauz. »Heute ist Johanni. Also erzähl, Rikchen!«
Die blanken Augen der kleinen Malerin gingen versonnen über die Rosenbüsche bis zu der Holunderwoge am Zaun. Sie atmete schwer, denn es war schon heiß geworden, und über dem Hügelhang drüben lag flimmernder Dunst.
»Ich träumte vom Schlachtfeld. Ich mußte wieder darübergehen. Hin und her, her und hin, ich war schon todmüde. Es war so heiß. Ganz klar und heiß.«
»Heiß ja. Aber klar – nein, das stimmt nicht. Ich sagte Ihnen ja, in der Nacht war ein Gewitter gewesen, und auch am Tag

stach die Sonne aus den Wolken.« Die kleine Malerin schüttelte bloß den Kopf, sah den Vater nicht an und fuhr unbeirrt weiter. »Nein, es war ganz klar! Blauer, blauer Himmel. Es war schwer, so weit zu gehn – von Waplitz bis Frögenau. Es war ein richtiger heißer Erntetag –«

Nun mischte sich auch Magda ein. »Aber Rikchen! Es war doch erst Mitte Juli und ein spätes Jahr!«

Aber zwischen Rikchens Brauen blieb die eigensinnige Falte. »Ich kenne doch Ernte! Immer wieder mußte ich über Stoppeln, auf ein paar Feldern standen noch Hocken und bei manchen, da hatte man schon angefangen umzubrechen.« Sie seufzte tief, wie aus dem Traum. Die beiden Alten sahen sie groß an. Sie saßen ihr zugewandt und merkten nicht, daß die Sonne von dem Rosenbeet wich und eine graue Wolkenwand die weißgoldenen Wetterköpfe über der Scheune verhüllte. Magda stand mit der Krümelbürste am Tisch, mit einem sonderbar vergrübelten Ausdruck in ihrem frischen Gesicht. Mauz hatte die Sahne aufgeschleckt und sprang auf den Stuhl. Ihre goldenen Katzenaugen blickten unverwandt nach Rikchen.

Rikchen strich sich eine Strähne aus der runden Stirn, als müßte sie sich angestengt besinnen. »Ich ging durch den Wald und durch eine Kiefernschonung über eine Chaussee, wo noch ein paar späte Linden blühten, und über viele Feldwege. Die Quitschen waren schon rot. An den Wegrändern, am Wald blühte Heidekraut –«, ihre Augen waren ganz groß und starr. »Überall aber, über den Feldern, dem Wald, den Wiesen, über den Wegen und dem Heidekraut schwebten in der heißen Luft, auf und ab wie Schmetterlinge, so rot wie Quitschen, so klar, als ob man die Finger vor die Sonne hält, ganz gleiche rote Kreuze – – –«

Sie senkte den Kopf und drehte das Bild um. Magda nahm es rasch, ehe es ihr aus den Händen glitt, und reichte es den Eltern. Muttchen rückte die Brille zurecht, sie war bleich und

ihre Lippen zitterten. Auch der Vater war ganz still. Er legte die Pfeife fort und betrachtete das kleine Bild. Ein Stückchen ostpreußischer Feldweg war es, am Rand einer niedrigen Schonung. Über junge Kiefern und wilde Ranken, über Wagengleise und Heidekrautsaum, über sanfte Wiesen, braune und goldene Felderhügel schwebten Schwärme von roten Blutkreuzen unterm blauen Himmel. – »So viele!« sagte Magda. Auch sie war ganz blaß geworden.
Immer noch wie einer, der aus dem Schlafe spricht, fuhr Rikchen fort: »Ja, Tausende, Zehntausende. Die ganze Luft war davon erfüllt. Sie zitterten in der Glut, sie zuckten –«
»Kind, es waren ja viele – der Hochmeister, die Gebietiger, die deutschen Bauern und Bürger – aber so viele waren es nicht.«
»Aber ich sah so viele!« Rikchen hob ihren Blick, ihre Augen standen voll Tränen, sie legte die Hände auf die Brust – »und ich wußte, es war das Schlachtfeld von Tannenberg!«
Sie stand ganz still und zitterte leise. Mauz sah sie immer noch an. Treff reckte den Hals und heulte leise einmal auf. Wie zur Antwort murrte es über den Hof aus der Wetterwand.
»Wir wollen hineingehen«, sagte Muttchen mit spröder Stimme und rollte das Strickzeug zusammen. Die bunte Decke verhakte sich darin und glitt vom Tisch. Der war auf einmal leer, und nur ein paar welke Lindenherzen und Holundersternchen wehten im heißen Wind darüber.
»Es kommt ein Gewitter!« sagten die Mutter und Magda gleichzeitig und schoben Rikchen, die wie erwachend mit einem erschrockenen Lächeln zu ihnen aufsah, über die Schwelle ins Gartenzimmer.
»Ja«, sagte der Vater und stand nun auch schwerfällig auf. »Es steigt gegen den Wind, von Osten her. Aber es ist noch weit ab.«

Eisvogel

Eine Feder fand das Kind am Bach,
Schöner als die Flügel der Libelle
Lag sie schimmernd über Ried und Welle –
Und es sprach das Kind – und sann dem Wunder nach:
»Märchenvogel, dem sie zugehört,
Laß Dich einmal nur von mir erblicken!«
Und es sah, verstummend vor Entzücken,
Wie aus grünem Ufer aufgestört
Jäh sich's hob wie Scharlach und Türkis,
Und vorüber, seliges Gefunkel,
Zu bemoostem Stein im Erdendunkel
Hinter wehender Schilfwand niederstieß.

Herbstfahrt

Es war im Reich Nirgendwo, im Land Nimmermehr. Von den Wiesen, goldgrün im Spätnachmittagslicht, trieb der warme Wind den Duft des Grummets. Von den Birken am Chausseerand, deren Stämme rosig vor der Vergißmeinnichtbläue des Septemberhimmels glänzten, taumelten erste gelbe Blätterherzen in unseren Wagen. Rote Quitschen leuchteten von den Feldwegen zwischen glänzenden Stoppeln, zwischen dem Saum goldgelben Rainfarns, am Rand des braunvioletten Ackers. Ein feines leichtes Sausen wehte um unsere Stirnen beim Fahren, der Dunst der Goldfüchse, der kräftige Geruch des Ledergeschirrs. Und über allem der wilde herbe Duft des Blumenstraußes, den du im Schoß hieltest. Letzte Kornblumen, Maßliebchen, Skabiosen, helle Glockenblumen, gelbe Katzenpfötchen, eine Nachtkerze, die sich licht und selig öffnete, hell wie ein Zitronenfalter. In all die

Blumen hingen die großen, runden, rotflammenden Perlen deiner Bernsteinkette.
Der Wagen knarrte leise, fuhr langsamer, bergauf in einen weißgoldenen Abendweg. Kühler wehte der Wind, ein großes Glänzen unten zwischen den Wiesenhängen spiegelte Himmelsbläue und zarten Wolkenduft perlmuttern wider.
O wie schön war der See!
Dann hielt der Wagen und wir blickten über das leuchtende Wasser, in das feuchte Grün der Erlensäume nach den rotglühenden Kieferstämmen am andern Ufer, auf den geheimnisvollen Urwaldfrieden des Inselchens, das unerreichbar in dem lichten Frieden schwamm.
Und eine greise Hand, zart und welk, mit altmodischen zu weiten Ringen auf den hageren Fingern, deutete hinüber zu der schwarzen Spur, die ein Taucher in den silbernen Glanz zeichnete: »Dort versenkte der Vater unsere Kassette, damals beim Aufruhr!«
Und ein vorwitziger junger Mund, mein Mund, fragte gedankenlos, tief geneigt auf den bunten Strauß: »Wie ist Aufruhr?«
Und die sanfte alte Stimme sagte:
»O Kind – wie Krieg!«
Und eine andere Stimme, ebenso gedankenlos sommerselig, sagte:
»Krieg – ach Ochen, – Krieg – das kann ich mir gar nicht denken . . .«
Die zarte greise Hand liebkoste die Bernsteinkette. »Nein, das könnt ihr nicht. Die Kette, die weiß es. Die ist noch aus dem großen Krieg von Anno Dreizehn . . .«
Und wir blickten alle, sogar der Alte auf dem Bock, auf die lange glänzende Bernsteinkette. Auf jeder einzelnen der großen Perlen lag die Abendsonne. Rot flammte das Licht. Und feurig glühend, purpurn und scharlach, rotbraun und golden durchströmt strahlte der Bernstein.

»Es wird kühl, wir wollen nach Hause!« sagte die liebe alte Stimme. Ein ganz leises Zittern war darin.
Hinter dem weichen Rund der riesigen Kastanienglocke glänzte das Haus im Abendschein. Königlich stand die alte Esche dahinter vor dem hellen Abendhimmel. Das Vieh brüllte vom Hof, eine Harmonika dudelte am Gärtnerhaus. Und wir lachten und hakten ungeduldig die Kutschdecke los. Da stand ja schon das Mädchen auf der Verandatreppe und oben war der Tisch gedeckt. Silber blinkte, blaubunte Tassen glänzten, die bunte Herbstherrlichkeit des Dahliensträußes glühte aus der grünbraunen Dämmerung.
Wir sprangen heraus und streichelten Tell, den guten alten Tell, der gelbäugig und zärtlich seine Schnauze an unseren Knien rieb, und zogen an seinen weichen braunen Ohren. O wie schön, so nach Haus zu kommen. Immer, immer würde es so sein!
Und wir küßten uns rasch und lachend und küßten das geliebte, zarte, alte Gesicht in einem Wirbel von Glück und Dankbarkeit, in dem strahlenden Glauben an die Dauer des Glücks, wie ihn nur die Jugend kennt!
Das war im Reich Nirgendwo, im Land Nimmermehr.

Erdenmorgen

Goldner Ball, dem Vater teuer,
Bunt durchströmt von Blau und Grün,
Draus in weißem Silberfeuer
Eisespol und Gletscher sprühn,
Du, der grausen Ungeheuer
Und der Riesenfarne Gruft.
Blaue Meere, weite Wiegen,

Draus in jungen Morgens Duft
Rauschend neue Welt gestiegen,
Wo, vom ersten Schlaf betaut,
Erde sah ihr Junges liegen,
Gott im Ebenbild geschaut –
Stunde Du der Morgenröte,
Da an Adams Knabenohr
Schon das Lied von Jubals Flöte
Ahnend sang aus Quell und Rohr.

Heimweh

Ich hörte heute morgen
Am Klippenhang die Stare schon.
Sie sangen wie daheim –
Und doch war es ein andrer Ton.

Und blaue Veilchen blühten
Auf allen Hügeln bis zur See.
In meiner Heimat Feldern
Liegt in den Furchen noch der Schnee.

In meiner Stadt im Norden
Stehn sieben Brücken, grau und greis,
An ihre morschen Pfähle
Treibt dumpf und schütternd jetzt das Eis.

Und über grauen Wolken
Es fein und engelslieblich klingt –
Und meiner Heimat Kinder
Verstehen, was die erste Lerche singt.

Vom Palmsonntag zum Ostermorgen

»Wie war es als du klein warst, Tante Agnes?« fragte mich neulich mein Nenn-Neffe. Genau so wie ich als Kind meine alten Tanten gefragt habe.

Ja, als ich klein war – da sah es recht anders aus, in der Welt und eigentlich wie im Schlaraffenland, denn man futterte sich so behaglich von einem Feiertag zum andern durch und hatte Feste und Festchen dazwischen. Und in dieser Zeit vor Ostern, wie hübsch war es da! Fastnachtskringel und Pfannkuchen waren schon halb vergessen – aber als Mitfasten-Trost gab es im März (und gibt es noch) ganz besonders viele Geburtstage mit lichterflammenden, blumenbesteckten Geburtstagskronen, mit wagenradgroßen Torten und „Gärtchen" aus Tulpen, Hyazinthen, Maiglöckchen und Krokus in weißen Papiermanschetten mit Spitzenrändern. An St. Gertrud kam der Storch nieder, da mußten ja so viele Leute in dieser Zeit geboren werden. Wenn man aus der Schule kam, reckte man den Hals, ob man die ersten Störche kommen sah. Oder man ging nach Lawsken, um ihnen guten Tag zu sagen. Wenn sie flogen beim Wiedersehen, war das ganze nächste Jahr fleißig. Saßen sie auf dem Nest, so war und blieb man faul. Waren sie schön weiß, so gab's gut Wetter. Und es war herrlich ihnen zuzusehen, wenn sie hoch, hoch aufstiegen zu ihrem königlichen Flug und oben in dem glänzenden Frühlingslicht schwebten, während unten die Luft erfüllt war von Schiepsen, Pfeifen, Flöten, zaghaftem Trillern, und dem ersten ganz leisen unablässigen Insektengesumme, während der feine sausende Wind einen Geruch von nasser Erde, erstem Gras und verwitterndem Dung um uns wehte.

Man ging nach Hause durch den langen, leeren Feldweg, wo damals nur die alten Ahornbäume standen, sanft betäubt von der brennenden Sonne und pflückte Palmen zum Sonntag. Die an den roten Zweigen waren die schönsten; aber auch die an den blanken, gegabelten hellgrünen waren schön. Zu Hause wurden sie in die Vase gesetzt und auf den Tisch gestellt und am Palmsonntag auf nüchternen Magen, wenn die Glocken gingen – sie gingen damals recht viel früher als heut –, schluckte man schweigend drei der grauen Kätzchen herunter. Die Mama würgte, die beiden Mädchen würgten, ich würgte – aber es gelang und man trank dann beruhigt den dünnen Kaffee und aß von dem schweren »abgeriebenen« Napfkuchen nach. Nun war man für Jahrüber vorm Fieber sicher, auch wenn man mittags in die pralle Märzensonne ging, die das gab.

Die stille Woche, die nun kam, war ganz besonders festlich, wenn auch gerade in diesen Ferientagen selbst von den Jüngsten ein besonders gesetztes Benehmen verlangt wurde. Der frohe Tag darin war der Gründonnerstag. Schon ganz früh weckte mich ein süßer Kuchenduft, und blinzelnd sah ich einen kleinen Gründonnerstagskringel, der an den grünen Bändern von den gedrechselten Puppen meines bunt tapezierten Bettschirmes herabhing und gerade über meinem Kopf leise schaukelte. Er trug in der Mitte das erste Leberblümchensträußchen.

Auf dem Kaffeetisch im Eßzimmer lag ein ganz großer Kringel, glitzernd in weißem Zuckerguß mit großen durchsichtigen Zitronenscheiben, mit Leberblümchen und ganz kleinen getriebenem Birkenrütchen umsteckt; bis zum Nachmittagskaffee, der immer Besuch brachte, blieb er ein Schaugericht.

Zu Mittag gab es den ersten Spinat – altmodisch gekocht mit süßem Schmand und Muskat – und die Eltern ziepten mich am Ohrläppchen und ich zupfte sie und Johanna ganz vorsichtig dran und wir sagten alle vergnügt und feierlich: »Was Neues vom Jahr!«

Am Nachmittag, zwischen Essen und Kaffee, standen wir alle auf dem Balkon, wo Lina und Johanna schon die abge-

scheuerten Blumentöpfe und einen Korb Gartenerde aufgebaut hatten, und die langen Kästen knallgrün gestrichen in der Sonne glänzten. Eine große Tüte mit buntgetigerten Bohnen lag da, ein Kästchen mit kantigen Kressensamen, ein Tütchen mit spanischen Wicken. Das wurde alles mit großer Feierlichkeit gesetzt, und dann wurden die Blumentöpfe aus dem Saal geholt und umgetopft und beschnipst und Lina und Johanna holten Myrtenzweige, die sie irgendwo von Bekannten stibizt hatten – denn bloß die bringen Glück –, nahmen sie aus dem kleinen Likörglas mit Wasser und setzten sie in ganz kleine Blumentöpfe. Ich durfte dann die Gläser rüberkippen, kleine Glasstürze von kaputtgegangenen Uhrhaltern, und die Myrten verschwanden für die nächsten Tage hinter dem Eisschrank, da das Dunkel für kleine Kinder und kleine Pflanzen damals als bekömmlich galt.
Zuletzt trugen wir die großen Azaleen heraus, die schon im Abblühen waren, und der lange dünne Oleander und die dikken Fleischerpalmen kehrten aus dem Treppenhaus in ihre Sommerwohnung zurück. Lina fegte auf und wir andern klopften das Barometer im Flur und sahen nach dem Himmel, ob schon Wolken kämen – denn ein Gründonnerstagsgewitter als erstes im Jahr war das beste, was nicht bloß unsern Bohnen und Blumentöpfen, sondern allen Bäumen, Feldern und Saaten geschehen konnte und verhieß uns allen ein gutes und gesegnetes Jahr, wo alle Münderchen satt wurden und alle Herzen froh. Und fast immer kam es; nicht immer grad über der Stadt, die es ja auch am wenigsten brauchte – aber das bedeckte Licht, die atemlose Schwüle und ein famos sanftes weiches Grollen ist in meiner Erinnerung untrennbar von dem Gründonnerstagnachmittag, wenn wir um den festlichen Kaffeetisch saßen und der große Kringel langsam dahinschwand.
Am Abend gab es Rühreier, zum erstenmal wieder dick mit Prieslauch. Die Mama aß nichts mehr davon, trank nur noch

mit uns den Tee und las dann in dem merkwürdig schmalen mit ebenso merkwürdig häßlichen kleinen Bildchen versehenen Passionsbüchlein, nicht wie sonst am Abend in ihrem Thomas a Kempis.

Am Karfreitag erwachte man über etwas Seltsamem – was war es nur? Ja eine große Stille, viel tiefer als an den Sonntagen – die damals, als noch die Läden offen waren, viel lebhafter waren als heute. Am Still-Freitag war es wirklich, als hielte der Lauf der Welt an. Dazu paßte die stille Feierlichkeit im Haus, und wenn die Mama im schwarzseidenen Abendmahlskleid übermüdet und gerührt mich küßte – während der Vater das »blanke« Geld für den Sammelteller zurechtlegte –, fühlte auch mein kleines Herz ganz deutlich, daß dieser Tag etwas ganz besonders Feierliches war.

Nach dem Essen – es gab jedes Jahr ein für allemal blauen Karpfen, aber ohne die gewohnte Meerrettich-Schlagsahne – gingen Lina und Johanna zur Kirche, auch in ihren schwarzen Kleidern, denn das gute Kleid war damals immer schwarz. Die Mama las mir die Leidensgeschichte vor und später ging der Vater mit uns nach dem Kirchhof, wo die Gräber schon Anfang der Woche in Ordnung gebracht waren; die Tannenzweige waren abgenommen, die Hyazinthen kamen blank und grün vor, die Primeln hatten schon Knospen.

Der Karfreitag ging so still zu Ende wie er kam. Dafür war der nächste Tag der frohesten Tätigkeit gewidmet. Schon am frühen Morgen teigte Lina den Vorteig zum Fladen an, der dann auf der Fußbank, mit einem großen weißen Mundtuch über der gelben Schüssel, sachte am Wohnzimmerofen gehen mußte. Im großen Kessel kochten die Eier zum Färben – sehr viele, denn die ganze Verwandtschaft wurde reichlich damit bedacht. In kleinen Emaillebechern wurden die Farben aufgelöst – ein leuchtendes Scharlachrot, ein tiefes Purpur, Kornblumenblau, Dunkellila und Birkengrün. Gelb wurde

mit Zwiebelschalen gefärbt, die einen wunderschönen warmen Safranton gaben. Zuletzt kamen die bunten Eier dran, um die ein geflammtes »Mikado«-Papier gebunden wurde. Sie waren nicht halb so hübsch wie die einfarbigen, es war aber was Neues und man hielt es demnach für »fein« gegen die eigene Meinung. Die Eier wurden brühheiß und sehr sorgfältig gefärbt, daß ja keine hellere oder fleckige Stelle dran war, und mein Amt war es, ihnen nachher mit einer Speckschwarte den nötigen Glanz zu geben.
Ein Teller voll wurde für Vater zurückgelegt, lauter rote Eier, in die er über Mittag mit einer Nadel die niedlichsten Bildchen und Musterchen kratzte – Spitzen, Zacken, kleine Herzen, Blümchen, Vögelchen und einen krähenden Kuckeruschuhahn. Jeder von uns bekam solch ein verziertes Ei von ihm. Waren die Eier gefärbt, so durfte ich Johanne, die das bedeckte Fladenblech trug, zum Bäcker begleiten und in dem Papierladen ansprechen, wo ich für die große Summe von fünfzig Pfennigen Osterkarten für meine besten Freundinnen erstand. Sie waren fast alle in Eiform, teils mit recht scheußlichen atlasgepreßten Blumensträußen, mit zwei Händen in Spitzenmanschetten, die sich »auf ewig« drückten und Brieftäubchen – teils aber schon wirklich hübsch mit Kindern, Blumen und kleinen gelben Küken in zarten Farben.
Zu Hause wurden wir schon sehr erwartet, das heißt Johanne, denn Lina hielt ein Scheuerfest, als ob nicht in der Woche vorher das große Frühlingsreinemachen wie eine Springflut über unsern Haushalt gegangen war. Ich schrieb meine Karten mit »Deine Dich liebende« und trug sie selbst in den Kasten mit dem sicheren Vorgefühl, für jede morgen eine mindestens ebenso schöne wiederzubekommen. Der Tag war noch von allerlei Frohem erfüllt, bis zuletzt Lina den krümeligen weißen Sand und die gehackten Tannen im Treppenflur ausstreute, Johanne die frischgeplätteten Küchengardi-

nen aufbrachte und Mutter die gute Tischwäsche herausgab, das alte Damastgedeck, das nur an den hohen Feiertagen aufgedeckt wurde. Dann kam noch das abendliche Badefest. Heute steckt man den Gasofen an (oder auch nicht) und dreht den Kran auf – damals wurde ein Kessel aufgesetzt wie für Fundevogel und Eimer um Eimer in die große Holzwanne geschöpft und wieder herausgeschleppt. Wenn ich dann im Bett meine Abendmilch trank, ein an allen vier Ecken geknotetes Schnupftuch als Haube auf dem nassen Kopf – hörte ich noch vom Schloß das Abendlied blasen und hatte ein herrliches Gefühl von Feiertags-, Vorabend- und Nachtfrieden, denn so spät war ich sonst nie auf.
Gegen Morgen, wenn es noch halb dunkel war, hörte ich Johanne ganz leise aufstehen, hörte ich die Flurtür aufschließen und die Haustür gehn. Ich wußte, Johanne und Lina gingen ans nächste Floß nach Osterwasser und nahm mir fest vor, wach zu bleiben, um sie nachher mit der Rute, die schon im Eßzimmer stand, ordentlich zu schmackostern. Aber ich schlief doch wieder ein.
Dann weckte mich das Rütchen, aber es war ein ganz sanftes Schmackostern, und Johanne küßte mich gleich, zog mir die Strümpfe an und Lina streichelte mich und wickelte mich in ein großes dickes Tuch. Dann nahmen sie mich ins Eßzimmer, machten das Fenster auf und stellten mich aufs Fensterbrett.
Draußen auf dem großen, noch fast unbebauten Platz der weiße Morgendunst. Es war ganz still, nur die Spatzen zwitscherten in den kahlen Bäumen des Gartens nebenan und irgendwo klingelte ein verfrühter Milchwagen. Im Osten stieg eine flammende Helle empor, die den weißen Dunst und eine letzte Dunkelheit auftrank, die noch zwischen Gebüsch und Mauern lag. Ein Giebelfenster glühte feurig auf, der Turm eines weißen Neubaus fing an rosig zu strahlen. »Sieh, mein Kind, sieh!« sagte Lina. »Sieh gut hin!« rief

Johanne. Rot flammend, glühend, verzehrend und über alle Maßen herrlich stieg es im Osten empor – die Ostersonne ging auf. Mein kleines Herz bebte, mein Körper zitterte vor Morgenkälte und Andacht, meine verschlafenen Augen brannten und ich spürte, wie die beiden Mädchen, die mich hielten, fast ebenso erregt waren wie ich.
»Jetzt, jetzt!« sagten sie. »Da, da«, schrie ich.
Wir hatten es gesehn, alle drei – mitten in dem feurigen Rad, in dem rotflammenden Wunderdotter sprang es weißglühend und lebendig, die Siegesfahne in der Hand – das Osterlamm.
Die Mädchen, die eben noch lachen wollten, waren ebenso ergriffen wie ich. Sie hoben mich sacht herunter und küßten mich und wir schenkten uns gegenseitig jeder ein buntes Ei und wünschten uns »Fröhliche Ostern«. Und dann schmackosterte ich sie doch noch ein bißchen und lief mit der Rute hinter ihnen her bis in die Küche und trank da mit ihnen einen frühen Kaffee, hoch oben auf dem Küchentisch und ließ mir erzählen, was sie geträumt hatten. Denn das ist in der Osternacht ebenso bedeutungsvoll wie in den »zwölf Nächten«. Und ich rate jedem, es sich gut zu merken.

In Königsberg

Spätsommer

Ich gehe still entlang das Stoppelfeld,
Die Grillen singen und die wilden Bienen,
Spätsommerglut vergoldet meine Welt
und stark und süßlich duften die Lupinen.

Das Storchennest am nahen Nachbarhaus
Steht leer und ledig schon seit gestern Morgen,
Kein Kind geht ährenlesend mehr hinaus,
Die allerletzten Garben sind geborgen.

Zum letztenmal mit dunkelblauem Blick
Sieht noch der Sommer her von unserm Strande –
Und meine alte Sehnsucht kehrt zurück,
Als blühten Rosen noch im ganzen Lande.

Masuren

Herbst in Ostpreußen

Wer weiß es, der ihn nicht selbst erlebte, wie schön er ist, unser Herbst! Zur Entschädigung wurde er uns gegeben für den allzu kurzen Frühling unserer Heimat, der über Nacht von greller Winterkahlheit zu überschwenglichem Sommerblühn wird. Auch unser Herbst kommt jäh – aber er bleibt lange, als könnte er sich nicht trennen von diesem schönen Ostland!

Wenn die Stürme der Tag- und Nachtgleiche ausgerast haben, wenn der Westwind die letzten, weißen Wolkenfetzen über den hellen Septemberhimmel landeinwärts treibt, aber an der ganzen Küste, an den Buhnen des Steilufers und dem breiten Sandstreifen der Dünen noch die endlose, großartige Kette der schneeweißen Brandung kocht, wenn die Möven silbern über der grünblauen, stählern-dunklen See blitzen und an dem muschelrosigen Dünenkranz der Kurischen Nehrung jede breite Sandkuppe, jeder dunkle Waldstreifen noch bis zu den Schluchträndern des Samlands erkennbar ist – dann beginnt Ostpreußens schönste Zeit!

Herbst! Das ist in Süddeutschland weicher Goldduft um reifende Rebenhänge, ist rotbeladne Apfelbaumallee vor blauduftiger Waldbergkette; das ist in Mitteldeutschland kupferrotes Buchenlodern über weißqualmenden Abendtälern, hier bei uns oben ist's kristallene Klarheit, überirdische Fernsicht, ist's Luft wie Edelstein in der Farbenglut des Regenbogens funkelnd, rein wie die Schneekühle des Urgletschers. Ist's das Auffunkeln vielen Wassers zwischen klarer werdenden, buntglühenden Laubwipfeln.

Denn nie so sehr wie um diese Zeit fühlt man, daß wir das wassergeborene Land sind. Es blinkt und blitzt wie Schuppen, wohin man die lichttrunkenen, weitsichtig werdenden Augen wendet. Jenseits des Wallrings der Hochdünen liegen die lichtblauen, jetzt fast reglosen Spiegel der Haffe. Wenn

die Windstille des Frühherbstes einsetzt, steht über beiden der langgezogene, blaßgoldne und irisbunte Wolkenzug, den sie ebenso zu eigen haben wie der Lido. Ein »seliges« Blau zeigt ihr Wasser, über dem verschwimmend die Landküste steht, aus dem die bunten Segel, die schönen Wimpel der Nehrungskähne strahlen.
Süßer Heuduft kommt mit dem Landwind übers Kurische Haff und mischt sich mit dem Harzduft der schwarzen Kiefernwälder, aus denen lichte Pappelwipfel, goldhelle Birken und flammender Scharlachahorn strahlen. Würziger, weißer Qualm weht von den Räuchergruben, letzter, heideroter Thymian duftet in der Herbstsonne, und im Mittagswind weht das verbleichende Schilf um die Kähne und dunstenden Netzreihen in der kleinen Hafenbucht. Drüben lockt die grüne Niederung mit ihren Bruchwiesen, aus denen Heuberg an Heuberg ragt, mit ihren stillen Fischerdörfern, mit Fährhäusern und hohen Kanaldämmen über verwaschnen Erlenwäldern, in denen der Elch wohnt. Auch hier ist er daheim – seine Brunftzeit ist es –, hundertmal hat man ihn gesehen auf Bildern, meint ihn genau zu kennen, fühlt ihn vertraut und zur Heimatwelt gehörig wie das Rotwild – und steht dann doch atemlos und überwältigt, wenn er plötzlich, lautlos und immer unerwartet, aus dem silbrigen Gestrüpp der Palwe taucht! Urwelt starrt aus dem breitschaufligen Riesenhaupt, wandert geisterhaft rasch vorüber, wird wie ein Spuk aufgesogen von lichter Herbstdämmerung. Menschenwerk und Menschenwohnung scheint auf einmal weggewischt von diesem Dünenstreifen zwischen den Wassern. Urzeitblumen: Linnäa und gletscherhelles Löwenmaul duften mandelstark und melissensüß aus dem Grund, breit wie Vorwelthöhle schwingt das Zirkusrund der Sturzdüne über dem leeren, braunen Haffstrand; Scharen von Vögeln ziehen schräg in langer Kette wie Rauch darüber. Es ist die Straße der Wandervögel, die war und sein wird – was sucht der kleine

Mensch hier in diesem hellen, hellen Herbstlicht, das die grünlich verbleichenden Sandkuppen zurückstrahlen? Wie kann er diese Urweltstille, diese Erhabenheit ertragen, wäre er nicht festverankert in diesem Land durch seine Arbeit, wie der Fischer und der Forscher? Oder so selig dankbar für den Augenrausch dieser Herbstzeit, dieser lichten Weite wie das frohe Malervölkchen in den altberühmten Gasthöfen Niddens.

Jenen aber, denen der Schrei der Zugvögel das Herz beklemmt, sei's geraten, zu der andern Nehrung, zu dem Frischen Haff zu fahren, an der Lieblichkeit dieses holden Ufers sich zu freuen. Wie »der Garten in Eden« liegt die Küste bei Succase, Obstgarten an Obstgarten reift apfelrot im weichen Haffwind, golden wehn die Birkenherzen über den Weg nach Cadinen und golden ist der Weg durch den stillen Park, an braunen Buchenhecken, an ernstem Tujengrün und letztem Beetlodern vorbei, bergauf zu dem schönsten Blick über die perlmutterne, strahlende Haffweite bis zu dem sandgelben Dünenrücken und den Kiefernwäldern von Kahlberg. Dort, in der Mitte der Nehrung, funkelte einmal das »alte Tief«. Durch solch leuchtende Herbstklarheit, ersehnt und erspäht von diesen Waldhöhen, kehrten die bunten Drachenschiffe der Wikinger heim zur Winterruhe am kantigen Steinherd in Truso, der an jeder Waterkant berühmten Hafenstadt der Drausenbucht des Ilfingflusses. Elbing, die Frühgetaufte, das Patenkind der lübischen Hanse, übernahm den Schiffswerftruhm ihrer germanischen Ahne. Es bewahrte auch in schweren Zeiten die breite Lebensart der Seefahrer – die weitesten und schönsten Wanderwege führen in seinem Bannkreis durch die waldigen, bachdurchrauschten Schluchten dieses Höhenzuges, den man bis an die Haffufer bei Königsberg, bis tief hinein ins Oberland schimmern sieht, durch die klare Luft über den weiten Wiesen und den braunen Feldern, plötzlich bläulich, in schönem Schwung hinter der korallenbeladenen Krone einer einsamen Eberesche am Feldweg gewahrt.

Nirgends sind die Ebereschen so rot wie hier bei uns, nirgends leuchten sie so wie unsere »Quitschen« durch die Klarheit. Nur die vielen Hagebutten der Wildrosensträucher an den alten, grandgelben Hohlwegen im Land – durchbohrt von Schwalbenlöchern – wetteifern mit ihrer reifen Scharlachpracht oder die dunkleren Trauben des roten Holunders in den Wäldern. Einsam lagen sie unter dem hellen Himmel, diese großen Wälder, die »grünen, grünen Heiden« Ostpreußens, bis neuerwachende deutsche Wanderlust und – das eigne behende, kleine Auto sie erst so recht entdeckten. Sie sind nicht so streng und herb wie die Forsten der Grenzmark oder die Pommerns, nicht so lieblich-heiter wie die Buchengründe des festlichen Hügelkranzes um die Danziger Bucht. Mischwald zumeist, liegen sie zwischen den fruchtbaren Felderweiten, aus deren sanftem, weichem Braundunkel schon rötlicher Winterroggen mit blinkenden Hälmchen sprießt, frühlingsgrün schimmernd zwischen verfahlenden Weidewiesen. Feuchte Kühle haucht aus ihrer grünen Wand über die weiße Chaussee, deren alte Linden herbstfahl, mit windzerrissenen, ährenbehangenen Kronen rauschen. Es duftet herb nach Pilzen und Moos aus dunklem, sonnedurchblitzten Waldgrund, Pappeln, noch sommergrün in dieser Geborgenheit, zittern im Herbsthauch mit spielendem Laub, am sandigen Rand der Fichtenschonung blüht noch Heidekraut – die weiche, langtriebige, sehr helle »blaue« Heide Altpreußens, die für uns als Kinder solche Kostbarkeit bedeutete, in die wir letzte Glockenstäbe der hohen dunklen Campanula und die Elfen-Schellenbäume des Zittergrases wanden, wenn wir nach Pilzjagd und Preißelbeersuche Rast machten am Waldrand. Immer auf einem hohen Uferrand, unter leise sausenden, uralten Kiefern. Sie glühten zinnoberrot und orangegelb im Abendbrand und ebenso glühte das

Floß, das unten durch den sehr blauen Seearm, den stillen Kanal dahintrieb, unsere Wandersehnsucht weckend. Nein, wir kannten noch keine Wegmarkierung, keine geräumigen, hübschen Jugendherbergen, wie sie heute überall bei uns auf die entdeckerfrohe Jugend warten. Wir besaßen auch noch keine Wanderkarten. Weiß bestaubt lagen wir oben am Brombeergesträuch überm Hohlweg und spähten mit indianerscharfen Augen nach dem nächsten Kirchturm, der kleinen Bahnstation, oder einem Gehöft, wo eine freundliche, alte Landfrau uns einen Krug frischgemolkener Milch und ein Schwarzbrot schenken würde. Wir kannten nur die nächsten Meilen Land – aber da auch jeden Baum und Strauch, jeden Klatsch und jeden Spuk, so genau wie wir in der Herbstklarheit die fernen Goldpyramiden der hohen Strohhaufen auf den Stoppelfeldern erkannten.
Höchstes Glück war's, wenn eins der leichten Wägelchen mit den edlen Pferden davor uns ein Ende mitnahm. Keiner, der heute im eigenen Auto über Land jagt, hat nur eine Ahnung davon, was es für ein ostpreußisches Kind bedeutet, auf dem Bock durch einen strahlenden Herbstabend zu fahren: die ferne, kleine Ordensstadt mit Wallturm und roter Kirche wie ein Altarblatt vor sich, an großen Gutshöfen mit Scheunen und Ställen vorbei, die Melker in den weißbunten Herden zu sehn, die Roßgärten mit Mutterstute und Fohlen dicht vor sich und einen väterlichen, alten Kutscher neben sich, der den Stammbaum jedes Warmbluts im Kreis kennt, und mit einem in die Vorfahrt biegt, als wär man ein Graf!
Aber doch – schon weil man nicht mehr eine Quitschenkette trägt und eine Schürze mit Brombeerflecken, mit blanken Kastanien, harzigen Tannenzapfen und einer wunderbar runden Weinbergschnecke in der Tasche – möchte man jetzt doch gar zu gern solch flinkes kleines Auto zum Herumflitzen haben – oder noch lieber, ein Paddelboot! Damit dann den Kanal entlang gleiten, sich über die geneigten Ebe-

nen ziehn lassen – oder von See zu See schleusen lassen, durch die blauen, glänzenden Nachmittage mit dem klaren Schatten der Waldufer über der Bucht und den kleinen, lokkenden Inseln! Möchte nachts im Zelt unter den sausenden Wipfeln am Seeufer liegen, die sprühend weißen Herbstgestirne über den schwarzen Kiefern aufsteigen und sinken sehn und dann am Tag über die Märchenklarheit der raschströmenden dunklen Crutinna nach Rudczanny gleiten, Waldnacht und Einsamkeit vergessen über dem Glück, im hellen Kleid unter festlichen Menschen auf der buntbeschirmten Terrasse zu sitzen – dort oder in der hellen Glasveranda von Jägerhoh. Und vor Sonnengefunkel auf weiter Seefläche und Herbstfädenblitzen ein wenig das überwältigende Staunen zu verwinden, daß es kein Untererdchen-Zauber, sondern Wirklichkeit ist, daß wir jetzt ebenso schöne elegante Gasthöfe besitzen, wie die Geschwister »von oberwärts«! Daß wir uns nicht mehr zu wünschen brauchen, im Zug bis nach dem Harz zu reisen, um die Hirsche schreien zu hören – genießen wir das nicht grade so gut – und abends im warmen Gastzimmer geborgen – in unsrer Rominter Heide? Strömt die Bode sprudelnder über ihre Steine als die Rominte? Wo tritt das Rotwild so königlich am Abend auf seine Waldwiese wie hier?

Nein, wir wußten das kaum und die andern schon recht nicht, als diese Wälder, als das seendurchfunkelte Masuren noch nicht den unverwelklichen, priesterlichen Heldenkranz aus blutgesprengten Kiefernzweigen trug. Als auf den Seehöhen, auf den heiligen Bergen, in den Feldern nur friedlich bestattete Bauern beim Staub der Väter schliefen – noch nicht die Unsern, im Heimatkampf für dieses Land gefallen, noch nicht der tapfere Feind, der sterbend um seine Fruchtbarbeit warb. Von Tannenbergs purpurnen Maltürmen bis zu der »Wildnis«, den Grenzwäldern im Osten, schlafen sie nun unter den hohen Kreuzen. Weit, weit geht der Blick von ihren

Hügeln über das teuer erkaufte, geliebte Land – das Thule der Gotenfürsten, die zum Sterben hierher zurückkehrten – der fernste Staffelkirchturm seiner Ordenskirchen, die fernste, weiße Hausmauer am Gut, der Obstgarten der Gehöfte, die Birken am Zaun, die neuen, hellen Siedlerhäuser sind erkennbar, als blickten wir aus der Höhe mit ihren Augen! O Mutter Ostpreußen, wie liegst du feierlich und erntemüde unter dem bunten Herbstkranz – so still wie deine alte Wallfahrtskirche, die Heiligelinde, dort im Wald liegt. Aus dem goldnen Abend tauchen deine kleinen Städte mit den mächtigen Toren, den hohen, roten Ordenskirchen, mit den Ordensschlössern und Bischofsburgen. Es funkeln die Blumen in deinen Gärten, nirgends blühn die Dahlien so edelsteinbunt wie unter deinem östlich hellen Licht, als ob es in ihnen Erinnerung weckt an die Gebirgsklarheit der mexikanischen Heimat! Der Goldball strahlt überm Zaun in Vorstadtgärten und am Lattenzaun der kleinen Bauernhäuser, die Schienenstränge blitzen, grüne Barocktürme ragen in die die Helle des Abendhimmels, Wasser funkelt unter bunten Speichern am Hafenbecken, Wasser funkelt aus engen Altstadtgassen, aus grünem Gartenkranz, aus einem weiten Ring der allerschönsten Haine, die je eine deutsche Stadt festlich um sich wand – o Königsberg, Vaterstadt, wer ist so schön wie du im Glanz des Herbstabends – du Herz des frohesten, buntesten Herbstlandes Deutschlands – deines alten Grenzlandes Ostpreußen?!

Elchniederung

Zu Weihnachten

Durch so leuchtende Herbsttage bin ich in diesem November gewandert, daß Weihnachten und Winter noch ganz ferne scheinen.

Aber ein kleiner blauer Brief, zierlich gefaltet und ausgemalt, mit dünner eigener Kinderschrift sorgfältig geschrieben, weckt wie ein qualmender Tannenzweig alles, was ein unruhiges Jahr über in mir schlief: »Wir schreiben schon Wunschzettel. Meiner ist so lang, Peters auch. Komm bald nach Hause, Tante Agnes, denn so bald ist Weihnachten!«

O ihr lustigen, hellen Stimmen unter den Kastanien im Hof! Singt ihr schon Weihnachtslieder?

Auf einmal sehe ich den Boden vor mir, den Abendhimmel, frostklar hinter dem Funkturm. Das braune Bord – (sorgsam von der Wand gerückt) und darauf den Weihnachtsbaumständer. Wie er auf den Baum wartet! Der steht noch im Wald in der Niederung und wartet, daß Elisens Bruder ihn schlägt und am Tag vorm Heiligabend bringt. Dann kommen die immer gleichen Fragen und Bemerkungen von uns. Als erste: Daß er (der kleine Baum) dieses Mal doch viel schöner ist als im vorigen Jahr! Dann: Daß wir schon dachten, er käme nicht und am Abend vorher ans Wasser liefen, um zu sehen, ob am Kohlmarkt oder auf dem Lindenmarkt ein passender Baum stände; aber nirgends war einer, der uns gefiel, in diesem ganzen Wald, der da auf dem Bollwerk wächst. Keiner, der sich auch nur im entferntesten an gradem Wuchs mit diesem vergleichen ließe! Und an Duft! Nein, die waren sicher alle schon lange geschlagen. Aber dieser!! – Die ganze Küche duftet!

Dabei fällt uns ein, daß Küche von Kochen kommt. Und daß, wer mit über Land fährt, was Warmes essen muß. Und daß, wenn der Leib erwärmt wird, auch die Seele aufgetaut werden will.

Also fragen wir nach der Frau und nach der »Großen« und nach allem sonst in Haus und Hof. Und zuletzt (nein, ist der Baum schön! – nie seit dem letzten Weihnachten, als der Vater noch lebte, sah ich solch schönen graden Baum!) nach dem Jung!
Ach, der Jung! Gewachsen ist er – so groß, ja, so groß wie der Baum! Und rechnen kann er! Wie ein Alter! Auf alles geht er los. Turnen hat er in der Schul, das kann er, das ist ein Staat. Bloß mit dem Singen, das will noch nicht. Aber nachher wird schon werden. Und was wünscht er sich? Bloß Stulpstiebel – wie der Ernst!
Ja, der Ernst! – unser Tantenherz schwillt, er ist der augenblicklich Größte unter unsern Schützlingen, und wir rufen beide: »Der ist auch Marinesturm!« Und wir sehen vor uns zwei Stiefel wie kleine Haffkähne, die wandern zwischen uns durch feiertagsstille Straßen und wir sind sehr stolz. Aber davon können wir hier nichts sagen, denn wir sehen in ein paar so gute klare helle Augen, in denen nichts steht als »Mein Jung!«, wie sie nach dem Tannenbaum blicken. Und dann sagt er: »Er kriegt'n neuen Schlitten zum Rodeln. Ganz richtigen. Mit Eisen beschlagen!« –
Aber vorerst bekommt »er« allerlei, was auf diesen Schlitten gepackt wird, da wo der Baum zusammengebunden lag, der nun in der Wärme seine Zweige immer weiter und duftender breitet, ohne daß wir uns entschließen können, ihn noch auf den Balkon zu tragen.
Es gibt zwei Freuden in dieser Zeit: Ein Päckchen aufschnüren – und die größere: eins einbündeln. Und wer kann das so wie Elise? Keiner. Denn wem sonst fällt es ein, da noch ein paar bunte Plätzchen, ein paar Schokolädchen, einen drolligen kleinen Hund einzupacken, wo niemand sie suchen würde als ein Kind? Und sie doch so einzupacken, daß alles heil ankommt!
Wer war's, der noch um Martini schwor, nie, nie würde sie je

wieder ein Weihnachtspäckchen machen? Und wer stand in der blaugrauen Dämmerung des ersten Adventsmorgens an meinem Bett, warm bestrahlt von dem tannenumwundenen Kerzchen und sagte: »Ach! Ich hab' noch so viel im Spind gefunden, ich hab' schon alles vorne hingelegt, zu schön sieht's aus und ich hab' so hübsches Seidenpapier und dreierlei Bändchen und ganz rote, kleine Äpfelchen ...« Und wer klimperte Abend für Abend mit den Stricknadeln, bis die hübscheste Wollweste dran hing für den »Jung, dem nichts zu schenken lohnt?« –

Ja, wer? Jemand, der nun aus dem alten Spind das Weihnachtstuch nimmt, das hundertjährige Freundesgeschenk mit dem zarten Elfenbeinton des sehr alten Leinen und es ausbreitet und streichelt und dann erst mal probeweise den kleinen Baum heraufhebt. »Wie schön wird er erst aussehn, wenn er brennt!«

Ja, er wird schön aussehn! Auf den alten Möbeln, die mich ansehn wie alte Freunde, wird der sanfte Glanz sich spiegeln. Er wird auf die Bilder meiner Toten scheinen, bis ihre Augen wie unsre in das durchstrahlte Gezweig blicken. Aus der eisigen Dunkelheit draußen wird der Nachtwind verhallendes Geläut und Choralmusik ans Fenster tragen. Irgendwo, wie aus den Wänden – werden Kinderstimmen singen. Und um uns wird alles in dem unwirklichen stillen goldnen Licht schwimmen, es wird nach Honig, nach Wachs, nach Wald duften!

Waren wir einmal sehr klein und sehr froh in diesem Glanz, selig übermüdet, mit einer Puppe im Arm? Standen wir einmal davor, glucksend vor Lachen wie eine Quelle, blühend wie die roten Äpfel und in den bunten Papierkörbchen hingen Jugend, Gesundheit und Liebe an den grünen Zweigen? Wandten wir uns einmal ab von seinem Strahlen, das unser schwarzes Kleid nicht aufhellte und sahen unsre Augen nur Kreuze in dem Flackerschatten, hörten wir zwischen den

Glocken nur das Donnern der Geschütze um die Heimat branden?
Es hallte aus – alles verging. Nichts ist um uns als das goldne stille Licht. Als ferner Kindergesang. Alle singen sie, die um uns wohnen, die geliebte kleine Zukunft, an der wir uns mitfreuen dürfen.
Gib mir die Hand über den Tisch, Elise. Wir wollen froh sein an diesem Abend. Und wir wollen uns die Hand geben, als hielten wir mit der andern all die Hände, die nur unser Denken heut erreicht: die Toten und die Fernen, die Lebenden und die unbekannten Geschwister. Und die Kommenden, die Jugend, die das Werk vollenden wird, das wir aufgehn sehn aus der Saat, die an diesem Tag auf den Acker der Welt gesät wurde: die Saat des guten Willens, die jedem Bruder ein Dach und eine Wiege, einen Acker und eine Heimat geben will, wo er und die Seinen sicher wohnen!

Zur Neujahrsnacht 1960/61

Der Zeiger wandert an der Uhr,
so schwer das Herz, so schwer der Sinn,
O Herr, noch eine Stunde nur,
dann geht auch dieses Jahr dahin,
Und aus der spielenden Kinderhand
des späterschaffenden Engels Zeit
Verweht ein Stäubchen Sternensand
ins dunkle Meer Unendlichkeit.

In dieser stillen Stunde Bann,
der Schwelle zwischen Jahr und Jahr,
Sieht einen Herzschlag lang uns an,
aus gleichem Bild, was ist und war.

Der Zeiger rückt zur Mitternacht,
so langsam schleicht das alte Jahr,
Was es uns nahm, was es gebracht,
o Herr, nur Dir ist's offenbar!

Wir glauben heut, zu Dir gewandt,
an Trennung und Vernichtung nicht,
Wir sehn verlornes Heimatland
vor uns im blassen Sternenlicht,
Sehn unsre Stadt, die Krone trug,
die hochgebaute, überm Strom,
Und sehn das Herz, das in ihr schlug,
das Dir geweihte, unsern Dom!

Tief tranken wir in Reu und Leid
vom bittren Wein der Wirklichkeit.
Wohl wissen wir, was uns gehört,
liegt fremd geworden und zerstört –
Stumm schläft die tote Inselstadt,
Eisscholle nagt am Brückenstumpf,
Von ungewohnten Tränen matt
sankst Du, Dom, in den Pregelsumpf,
Vom frostgen Nebel eingehüllt,
bedeckt von weißem Leichentuch,
Vergehst Du wie ein Riesenwild,
das einsam starb im Erlenbruch!

Wir aber sehn in dieser Nacht
Dich purpurn wieder vor uns stehn,
Der Zwillingsgiebel wuchtige Macht,
auf spitzem Turm der Fahne Drehn,

Zum Strome schiebt der Hohe Chor
das tiefe Dach ins Dunkel vor
Wie eines Orlogschiffes Bug,
das edle Fracht zum Hafen trug.
Bunt blüht der hohen Fenster Flor –
O tu dich auf gewölbtes Tor!
Und laß uns sehn ein einziges Mal
den pfeilerbunten Gottessaal –
Aus schwebendem Leuchter fällt der Schein
golden auf goldnen Altarschrein – –

Es schlägt die Uhr, vorbei! vorbei!
Es ging ein Jahr. Ein Jahr kommt her,
Und über Festlärm und Geschrei
ausbrandend braust das Glockenmeer,
Und aus der spielenden Kinderhand
des späterschaffenen Engels Zeit
Verstäubt ein Körnchen Sternensand
ins dunkle Meer Unendlichkeit.

O Herrscher über Raum und Zeit,
bis hierher gabst Du uns Geleit,
Wir danken Deiner Vaterhand
wie einst an Deines Doms Altar,
Daß Krönungsstadt und Ordensland
Dein Gleichnis uns und Heimat war!
Du Ewiger, wir danken Dir,
wohin auch unser Weg hier geht,
Daß über uns und über ihr
noch Dein bestirnter Himmel steht!

Der kleine Hund

Der Weststurm jagte von der See über den Dünenwald und die Heide, trug das Brausen der Brandung, die wie ein einziger weißer Schaumstreifen von der Steilküste zu den Dünen der Nehrung rollte, bis in das langgestreckte Dorf, duckte die frühlingsbraunen Linden und Birken am Chausseerand, jagte die zerrissenen grauweißen Wolken über den schon tiefblauen Himmel, kräuselte das Tauwasser in den Furchen des Landwegs, leckte an den schmutzigen Schneeresten unter den Dornbüschen des Abhangs, in dem die Holztür des engen Notbunkers halb offenstand – und verschluckte mit seinem Heulen das Gedröhne des einzigen Flugzeugs, das unten in dem weiten Flugplatz aufstieg.

Die Frau, die eben am Brunnen im Hof des kleinen Siedlergehöfts den Eimer gefüllt hatte, stellte ihn so rasch hin, daß das Wasser bis auf ihre Holzkorken schwappte. Sie hielt die Hand vor die Augen, die Märzsonne blendete durch die jagenden Wolken. Sie strich das blonde strähnige Haar unter das gestrickte Kopftuch und ihre hellen Augen spähten nach der Chaussee. Da war ein kleiner brauner Streifen, der langsam näher kam – sehr langsam, viel zu langsam für einen Hund. So winzig sah er aus, so müde, wie er da heraufkam, nur noch vom Sturm getrieben. Die Frau ging rasch über den Hof und die Auffahrt zwischen dem Zaun und der Gartenhecke nach der Chaussee. Sie atmete tief die reine, herbe Frühlingsluft, es war noch ein bißchen von See und Strand darin, von Schnee und Erdfeuchte. Unter der kahlen Hecke sproßte es schon grün, drüben am Wegrand schimmerten silbergraue Weidenkätzchen.

Sie blieb stehen und wartete, bis der kleine braune Strich näher kam. Vor den blanken Schienen der Kleinbahn zögerte er, dann nahm er sie vorsichtig und blieb wieder stehn, wie erschöpft. Nein, wie ratlos. Sie kam leise näher. Nun sah sie

ihn ganz deutlich: ein noch sehr junger hellbrauner Teckel war es, erschreckend mager. Aber so hübsch, so edel mit dem spitzen Schnäuzchen, den weichen Ohren – und so traurig. Ihr zog sich das Herz zusammen bei seinem Anblick. Der kleine Hund blieb stehn. Als ob er ihr Mitleid fühlte, sah er auf. Bernsteinbraune klare Augen hatte er. »Und er weinte«, sagte sie später. Er wich zurück, als sie näher kam – aber dann ließ er sich ruhig von ihr aufheben und in die buntgestreifte Schürze schlagen. Schwer, so schwer es einem so leichten Körperchen möglich war, lag er in ihrem Arm, an ihr gutes, ruhiges Mutterherz gedrückt. Irgendwo, irgendwann war da einmal eine so gute feste Hand gewesen, die ihn ebenso gepackt und so getragen hatte, so eine warme Brust – aber die hatte ein wildschlagendes Herz geborgen und um sie beide war ein Getöse gewesen, tausendmal schrecklicher und lauter als der Sturm, den er jetzt unter der Schürze nur noch gedämpft hörte. Schlimmer als das vertraute Orgeln und Dröhnen der Propeller, wenn er neben Herrchen saß und es ging hinauf – und ihm war so grenzenlos schlecht –, aber nicht traurig, nein, nie. Nur froh und stolz.
Nun war es ganz still. Der Sturm war nur noch ein leises Sausen und Heulen, und er fand sich, zu müde zum Verwundern, in Wärme und Stille wieder.
Er lag, immer noch in die buntgestreifte Schürze gewickelt, auf einem breiten Küchentisch, zwischen einer großen braunen Schüssel und allerlei kleinen Kummen und Tassen und einem blaugeringelten Milchtopf, aus dem die gute rötliche Hand mit dem breiten glatten Ring nun Milch in eine Untertasse goß und ihm hinhielt.
Er schnupperte erst ein bißchen, dann trank er gierig und ohne aufzusehn, leckte noch an dem Steingut – und dann fiel der kleine spitze Kopf auf die Pfoten und er schlief. Schlief ganz plötzlich, ganz fest unter der guten Hand, die immer wieder seinen Rücken streichelte, und der guten leisen

Stimme, die immer wieder sagte: »Kleines Hundche! Gutes kleines Hundche!«
Er erwachte erst, als eine andere Hand über seinen Kopf strich – eine breite, kräftige, warme Hand, wie Herrchens – aber doch nicht Herrchens –, wenn sie auch nach Öl roch und Metall. Sie war größer und irgendwie anders, und auch das Zeug dahinter war ein anderer fremder Stoff, und die Stimme war gut, aber fremd und ihr Tonfall anders als der Herrchens. Aber sie meinte auch Gutes, das fühlte der kleine Hund, als er sich wieder in das warme weiche Kissen in dem halboffenen Korb einkuschelte, noch einmal leise blinzelnd in den gelben Lampenschein und die milde Wärme der braunen blanken Herdkacheln zufrieden einatmend.
»Ja, ich fand das Halsband hinterm Krug. Er muß dort vom Flughafen auf die Chaussee gelaufen sein. Hier, die Spange ist aufgedrückt. Ich werde sie zurechtbiegen, dann kann er's wieder bekommen –«, sagte die junge Stimme. Der lange hellblonde, junge Mensch, der am Küchentisch lehnte, drehte das grüne Lederhalsband mit den feuchten Flecken nach dem Licht der Hängelampe. »H. L.« las er von dem blanken Schildchen. »Stimmt! Horst Lohmann hieß der junge Leutnant, der vorige Woche über der Bucht abstürzte. Der hatte solchen Teckel. Er hatte ihn vom Urlaub im Rheinland mitgebracht, aus dem zerbombten Haus. Der Adomeit sagt, der Hund blieb bei keinem, war wie gestört, nun war er schon tagelang fort. –«
»Wie mag er heißen?« fragte die Frau und sah von ihrem Strickzeug auf. »Das wußte auch der Adomeit nicht – was mit ›i‹ am Ende, meinte er. Lumpi?« – »Nein«, die Mutter war ganz ärgerlich. »Das würd ihn kränken, wo er doch so ankam!« Der Sohn lachte. Er hatte sich zu ihr gesetzt und schnitt eine große Scheibe von dem harten, selbstgebackenen Brot. »Wie denn? Schlag vor!« Aber die Frau schüttelte den Kopf. »Das muß der Papa sagen – da kommt er eben!« Sie

horchten, wie die Haustür ging, wie jemand draußen die Schuhe abstampfte und hustete. »Papa, wir haben wen Neues im Haus!«
Er stand in der Tür, nicht so groß wie der Sohn, breitschultrig, blond und grellrotbackig wie seine preußischen Vorväter, mit den sehr hellen kleinen blauen Augen, die Pfeife im Mund, und sagte bloß: »Wen denn? Die Rosa hat doch noch nicht gekalbt?!« Dann zogen sie ihn an den Herd. – Der blanke Teekessel oben summte und zischte ein bißchen und unten der kleine Teckel atmete tief, daß man die Rippen unter dem braunen Fellchen sah, und dehnte sich wie ein Kind im Schlaf und winselte ein bißchen aus schwerem Traum. Nun aber fühlte der die Blicke und blinzelte, gähnte, daß man die kleinen Zähne und die rosa Zunge sah, reckte sich und sah sie an, ernst forschend, sogleich wach, – und dann beruhigt unter den Blicken, die ihn trafen, und beruhigt vielleicht auch von dem Tabaksrauch, dem vertrauten. »Wie er heißen soll? Na, Schnucki – wie damals dein Teddy!« sagte der Vater. Und dann bückte er sich über den Korb und sagte, wie am Vormittag die Frau: »Das kleine Hundche! So'n gutes Hundche! Das bleibt nu immer hier – braucht nie mehr weg!« Und dann griff er in den Korb und hob ihn auf. Erst wollte der Kleine zuschnappen – aber dann roch er, blinzelte, steckte die spitze Schnauze unter die graue Joppe an die gestrickte dicke Weste, atmete tief und schlief gleich weiter. Nur der kleine spitze Schwanz, ein bißchen dunkler als der Rücken in dem rehbraunen Fellchen, wippte hin und her vor Behagen. »Schnucki – ja, das is hübsch – wie sein Teddy –«, sagte die Frau leise, und ihre Stricknadel, blankglänzend, ging über den Tisch und tippte zärtlich auf die Schwanzspitze – »und ich fand ihn!« Aber der Sohn, der das grüne Halsband putzte, sagte lachend: – »und ich fand dies!« Alle drei sahn sich an und lachten, als die Mutter sagte: »Nu haben wir wieder ein Hundche – das hat mir recht gefehlt, seit der Mohrchen über-

fahren wurde.« Das war des kleinen Hundes erster Abend in dem roten Siedlerhaus, hoch auf der windigen Chaussee von dem Stranddorf zu dem großen Kirchdorf im Samland. Hoch über dem Flugplatz, von dem immer wieder die großen silbernen Vögel laut brummend und dröhnend in den wolkigen Himmel aufstiegen, um wie riesige Möwen über Strand und See zu schweben.

Zuerst, wenn er sie hörte, zitterte der kleine Hund und blickte auf, und in den bernsteinbraunen Augen stand Ratlosigkeit, Bangen und ängstliche Trauer. Aber dann verlor sich das, zuviel Neues gab's zu sehn und zu schnuppern für ihn. Zuerst immer auf dem guten festen Arm der Mutter, die ihm alles zeigte: »Hier gehn wir raus, durch den Vorbau, an diesem Türmchen kratzt der kleine Hund, wenn er raus will. Und nun gehn wir übern Hof, an der Pump' vorbei, wo das schöne Wasserchen fließt, und hier in den Stall, wo die Putthühnerchen sind, die man nie, nie schichern darf, damit sie für den Papa und den Fritz recht viel Eierchen legen! Und hier geht's zu den Ochas – das ist unser Sauchen, die wird schöne, kleine, rosa Ferkelchen bekommen –, und der kleine Hund muß sich nicht ängstigen, wenn sie so an die Bucht bullert, die tut uns nichts, will bloß was zu fressen kriegen. – Und nun gehn wir gleich nebenan und sagen der Rosa und der Wanda guten Tag – das sind Mutter und Tochter, die geben die schöne süße Milch für das kleine Hundchen – hier, hier Rosa, gute alte Musch! Und hier Wanda, mach nich so böse Augen, das is unser Hundche, unser Kriegshundche, und du wirst mit ihm spielen, wie mit dem Mohrchen, und ihm nichts tun, wenn er bellt, und er wird dir auch nichts tun, is man so'n kleines liebes, liebes Hundche!«

Ach, es war gut bei der Rosa und der Wanda, es dunstete Wärme von den mächtigen schwarzweißen Leibern, es roch nach Stroh und warmer Milch aus hängenden schweren rosigen Eutern, es klang schläfrig und behaglich von dem Mah-

len der feuchten Mäuler, und als die Frau ihn hochhob, sah der kleine Teckel die großen dunklen Augen der Mutterkuh und die Ringe in den schieferfarbnen Hörnern – aber vor den blanken Augen der Wanda hatte er ein bißchen Angst und verkroch sich in den Arm, als sie nun unwillig muhte.
Dann kam wieder die scharfe frische Luft, die über dem Hof wehte, dann klirrte das Riegelband am Gitterpförtchen und die Mutter trug den Kleinen durch den Garten über die umgegrabenen Gemüsebeete, auf denen noch Schnee lag, und an den Erdbeerbeeten und den Himbeerruten vorbei bis zu den Bienen. Da blieb sie stehn. Es summte hinter dem schützenden Stroh, ein bißchen blasse Morgensonne geisterte über die silbergraue Holzwand des kleinen Schuppens vor der Lindenhecke. »Bienchens!« sagte die Frau, »das is unser kleines Hundche – heißt Schnucki.« Der Teckel sträubte sich ein bißchen in ihrem Arm, der Geruch, süß und säuerlich zugleich, war fremd, und das ganz leise Brausen auch – er wollte es gern näher ergründen –, aber sie ging mit ihm gleich fort! Sie streichelte den zierlichen Kopf. »Nu hat unser Schnucki alles gesehn, nu kennen ihn alle. Nu is kleines Hundche ganz zu Haus«, sagte sie zärtlich. »Nu muß er aber gleich in Stubche und noch paar Tagchen bleiben, sich ganz gewöhnen.« – Sie hob ihn auf und drückte ihr Gesicht an das weiche Fellchen. »Nu is die Mutter nich mehr ganz allein, wenn der Papa auf Arbeit geht und der Fritz fort muß.« Der kleine Teckel fühlte etwas warm und feucht über sein Fell rinnen und sah auf – die Frau war traurig, das begriff er. Und die kleine feine rosa Zunge leckte zärtlich das tränennasse Gesicht.
So zog der kleine Teckel erst richtig ein in Haus und Hof. Alles war sein Zuhause, die warme Stube mit dem breiten Sofa, auf dem der Fritz schlief, wenn er am Sonnabend kam, oder die Tanten aus der Stadt – die alte, die ihn so gern streichelte, und die junge, die gleich in die Holzkorken schlüpfte

und der Mutter half –, die Schlafstube mit den hellblauen Wänden und dem wackligen Lehnstuhl an dem hohen Ofen, mit dem breiten Fensterbrett, wo er zwischen dem Myrtentopf und dem Pelargonium aufpaßte, ob der Briefträger von der Chaussee her einbog, damit er mit wütendem Bellen zur Tür laufen konnte. Nun aber war es gar nicht mehr so lustig, da herauszusehn, es kamen immer mehr und mehr die schweren Eisenwagen vorbei, die er schon vom Flughafen her kannte. Die Mutter nahm ihn auch nicht mehr mit, wenn sie nach unten ins Dorf ging; sie hatte bald gemerkt, daß er sich auf diesem Weg verlief, als ob er ihn nicht kannte – immer nach der Seite zu, wo die Felder sich zum Abbau erstreckten, nie nach der andern Seite, wo die grauen großen Schuppen des Flughafens in der Heide standen und die Flugzeuge davor wie lauernde Heuschrecken lagen. Wenn oben aus den Wolken das Brummen eines Motors klang, dann war der kleine Hund, der eben noch so munter neben ihr herlief, in dem grünen Halmenwald der jungen Saat verschwunden. Und erst wenn sie müde aus dem Dorf nach Hause kam, dann lief er ihr an der Hecke entgegen, sprang an ihr hoch, kläffte und winselte vor Freude, wie sonst nie. Aber immer, wenn sie im Garten oder auf dem Feld war, blieb er neben der Mutter, beim Melken in der Wiese – sogar die störrische Wanda hatte sich an ihn gewöhnt –, wenn sie im Garten arbeitete und nur manchmal aufsah, um ihm nachzublicken, wie er in ihrer Blumenrabatte zwischen den hohen Tulpen und den Tränenden Herzen spazierenging, oder um ihn zurückzurufen, wenn er zu nahe an die Bienen geriet. Am liebsten hatte er es, wenn die Kohlenwagen von der Station rollten, dann lief er bis an den Zaun und bellte, bis die Mutter und die dicke Nachbarin kamen und die Kinder, um die herabgefallenen Kohlen aufzulesen, und der große schwarze, wollige Hund der Nachbarin, der so knurrte und die Zähne fletschte und bloß spielen wollte. All das war sein

Sommer, der Sommer des kleinen Kriegshundes, der zum erstenmal den berauschenden Duft der braunen Äcker atmete, der grünenden Wiesen, der Saaten, den dampfenden Dunst des warmen Dungs, den Hauch des gelben Blütenstaubes – erst von den Haseln, dann von den Weidenkätzchen, dann von Ahorn und Birken, der hinter den gelben und braunen Schmetterlingen herlief. Der nach Mäusen scharrte unterm grünenden Dornbusch, der in die herben, bitterlichen Kräuter unter der Hecke biß und in die saftigen Tulpenstengel, der heimlich die braunen Hühner der Nachbarin jagte und vor der Pute davonlief, der mit der kleinen graugeströmten Katze aus dem Stall herrliche Greifspiele spielte und sich von dem kühlen, duftenden Wind, der von der See her wehte, über den Feldweg treiben ließ – um dann verspielt und selig beduselt von Sonne, Wind und Duft nach Haus zu kommen, bloß um noch das Schüsselchen mit der frischen Abendmilch auszuschlappen und gleich auf seinem Kissen im Körbchen einzuschlafen.
»Ach, wie wird unser Schnucki schön!« sagte die Mutter und strich dem noch im Schlaf wohlig sich Dehnenden über das glatte Fell. »So schön is unser Hundche, hat einen Aalstrich bekommen und so weiche Ohren! Da wird der Fritz sich freun, wenn er auf Urlaub kommt!«
Er kam und er nahm den kleinen Hund aus dem Korb, um ihn gleich seinen Freunden zu zeigen, dem stillen Albert, der ihm ein Stückchen Wurst mitbrachte, dem Krill im blauen Rock, der nach Fischen, nach Salz und Öl roch – und dem hübschen lachenden Bruno, der ganz so roch wie einst Herrchen. Der kleine Hund jaulte leise, als der ihn auf den Arm nahm. Aber nach ein paar Tagen waren sie alle wieder fort – nach herrlichen Tagen, in denen sie alle mit dem kleinen Hund gespielt hatten. Dafür kam wer anders, ein langes, junges Ding mit Augen so braun wie die eines Hundes, die ihn freundlich und ein bißchen ängstlich ansahn. Man mußte

ihre Hand lecken und »schön« machen und »bitte«, wie der Bruno es ihm beigebracht hatte – damit das Mädchen nicht so traurig war. »Das ist Ulla!« sagte die Frau. »Zu der mußt du gut sein. Die hat kein Zuhaus mehr!«
So blieb der kleine Hund jetzt bei beiden, der Frau und der Ulla, und blieb ruhig bei ihnen im Garten, wenn sie die Johannisbeeren und Himbeeren pflückten, und lief ihnen voran in die Küche und lag da, als ob er den Kessel mit dem brodelnden Obst oder den ganz großen mit den Weckgläsern zu bewachen hätte. Nur gegen Abend, ehe der Vater kam und wenn die Mutter zum Melken ging, dann lief er ins Feld. Es war herrlich, wenn noch die Sonne oben durch die Ähren schien, in den Furchen nach Mäusen zu jagen – und manchmal Miez in der Nebenfurche zu sehn, wie sie ihn mit ihren grünen Augen anfunkelte und fauchte.
Aber als der Roggen zu verbleichen begann, als in der Mitte des Feldes die schwersten Ähren sich nach dem großen Gewitter gelagert hatten wie ein gelbes Tuch, als die Quitschendolden am Feldweg schon rötlich wurden und die kleinen Küken schon groß und braun im Hof herumliefen, als die Rosa und die Wanda satt und behaglich draußen lagen, mit dem Schwanz schläfrig nach den Fliegen schlugen und die Wespen in der Küche summten, weil da schon der helle Lindenhonig stand – da kam etwas Neues, Böses. Etwas, bei dessen Geheul der kleine Hund aufschrak. – Irgendwo hatte er dies schreckliche, auf- und abschwellende Heulen schon einmal gehört, damals, als das große Getöse um ihn war in der Dunkelheit. Und so wie damals Herrchens Hand, packte ihn jetzt die Mutter, und sie und der Papa und Ulla liefen – liefen, was sie konnten, durch die sternklare Nacht, in der auf einmal lange, helle Lichtstreifen geisterten, nach dem kleinen Erdbunker am Hügelabhang. Da saßen sie hinter der dicken Eichentür – ach nein, zum Sitzen war da kein Raum –, mit der Nachbarin und den Kindern und dem alten Ehepaar

von der Station und warteten, bis von draußen – ganz weit, weither, wieder das Heulen klang. Aber nun anders, ausklingend in langgezogenem Winseln. Dann erst ging's zurück in das stille, warme, dunkle Haus.
Aber in der einen Nacht, da blieben sie ganz draußen. Die Nacht war anders als alle andern zuvor. Immerzu war es neben dem Brausen und Dröhnen, das näherkam und vorüberging und wieder begann – als ob große schwere Pfähle in die Erde gerammt wurden. Dann bebte der Hügel, Erdbrokken fielen herab und die Kinder schrien auf. Und nachher gingen sie alle auf den Hügel, und der kleine Hund steckte den Kopf aus dem gestrickten Tuch, in dem die Mutter ihn trug und sah, was sie alle sahen mit weit aufgerissenen Augen – den roten, rauchigen, glühenden Schein, der hinter dem Wald am Schlangenberg immer höher stieg, der Sterne und Mondwolken aufsog, der Feld und Dächer und Bäume und Menschen anstrahlte, daß sie fremd und schrecklich verändert aussahen. Der kleine Hund spürte den Schrecken, das Grauen, das Trauern der andern, er heulte auf und der schwarze Hund der Nachbarin heulte ganz laut mit, und vom Abbau antworteten die andern Hunde. Und irgendwo krähte ein Hahn. Der rote Schein, in dem es zitterte wie Funken, stieg und stieg. Der kleine Hund merkte, daß die Mutter weinte. Er richtete sich auf und leckte ihr tränennasses Gesicht. Und der feine, kleine, glatte Hundekopf legte sich warm an ihr Ohr.
Am nächsten Tag kam auf dem kleinen Bahnhof mit den rundgeschornen Linden vor dem niedrigen Stationshaus Zug um Zug angerollt, lauter Güterwagen, aber nicht voll Kohl, nicht voller Säcke oder Vieh – nur voller Menschen. Ein paar fremde Tanten kamen und die Mutter und Ulla schliefen auf Stühlen und gaben ihnen ihre Betten. Sie rückten die Bündel in die Ecke, die die Fremden mitgebracht hatten und die Mutter kochte die große braune Henne für die

Fremden. Der kleine Hund verkroch sich unter das Sofa – auf dem nun nachts der Papa lag – und blickte nur manchmal nach den Fremden. Sie rochen gar nicht gut, nach Staub und Rauch und Schweiß und weinten viel und er war froh, als sie mit den andern, die bei der dicken Nachbarin wohnten, bald wieder fortfuhren.

Dann wurde es wieder still. Aber die Mutter war auch still geworden. Sie sang nicht wie sonst, wenn sie die Rosa melkte – denn die Wanda war auf einmal fort – oder wenn sie am Bienenstand arbeitete. Und die Ulla war wieder traurig und spielte nicht mehr mit ihm, wenn sie die Erdbeerbeete abrankte.

Es war so ein schöner Herbst. Die Schwalben waren noch immer da und saßen auf den Telegraphendrähten, nur die Störche waren schon lange fort, damals in den Tagen des roten Scheins, ohne daß einer darauf geachtet hatte. Vom Flugplatz stiegen nur selten die silbernen Brummer auf, auf der kleinen Station kamen nur wenige Züge mit ein paar alten verwitterten Wagen angerollt, die Chaussee lang ganz leer, seitdem der letzte Erntewagen vorbei war.

Dann, an einem klaren Morgen, gab die Mutter der Ulla das weiße Eimerchen in den Arm, nahm die himmelblaue Lederleine, die der Fritz mitgebracht hatte, und machte sie an Schnuckis Halsband fest – es war eine sehr lange Leine, und es war scheußlich daran zu laufen. Aber er wußte schon, anders durfte er nicht mehr über den Gartenzaun und die Hecke hinaus – und dann schickte sie die beiden fort, über den Feldweg nach dem Abbau zu, wo die Hagebutten an den Dornsträuchern rot, blank und spitz in der Septembersonne leuchteten.

Es war ein ganz klarer Morgen. Hinter den großen alten Birken, deren goldne Blätter im sanften Wind bis auf den Kartoffelacker flogen, stand der dunkelblaue Streifen der See mit dem perlmutternen Dünensaum der Nehrung, irgendwo blühten Lupinen, der Wind trug den süßen Duft über das Kartoffelfeld, die Ebereschendolden leuchteten an den windverkrümmten graubemoosten Zweigen, die Sprehen flogen über der Fohlenkoppel des Abbaus, und über dem gelben Rainfarn und den rötlichen Skabiosen am Weg tanzten Mücken und kleine Fliegen und eine dicke Hummel. Unter den Dornbüschen mit den Hagebutten reiften schon die Brombeeren im wilden Gerank, und Ulla pflückte die dunkelsten und sie und der kleine Hund aßen davon. Zwischen dem Pflücken durfte Schnucki nach Mäusen jagen, kratzen und scharren, bellen, winseln und jaulen und Ulla begann wieder zu singen, als sie nun langsam mit dem gefüllten Eimer heimgingen in der Mittagsstille, geblendet von der Sonne, selig und müde – der kleine Hund widerwillig an der langen blauen Leine.

Auf dem Hügel über dem Bunker blieben sie stehen. Denn unten auf der Chaussee kam es herangebraust – eine einzige lange Kette von tobenden Motorrädern. Sie jagten vorbei, die dunklen Männer, und die beiden da oben sahen ihnen zu, aus ihrem Herbsttraum gerissen und sonderbar erschrocken. Der Letzte da unten hielt einen Augenblick an und blickte zu ihnen herauf. Er hatte keine Brille, nur die Lederkappe. Er war graublaß, nicht jung, nicht alt, hohläugig und finster. Er sah die beiden da oben, den Hund und das Mädchen – auf deren rotem Mund noch das Lachen lag, wie gefroren unter diesem Blick, und sie sank in das sonnengedörrte Gras und zog den kleinen Hund an sich. Beide zitterten unter dem Blick der eingesunkenen Augen des Mannes – dem furchtbaren, verzweifelten, hoffnungslosen, schlafentwöhnten, dem schrecklichen Blick des Krieges, der sie beide da ansah – ohne Liebe, ohne Mitgefühl, ohne Haß. Aber auch ohne Erbarmen.

Sie saßen noch eine Weile da oben, als der Mann schon lange fort war – und als sie darauf warteten, endlich hinunter zu gelangen an die Chaussee, über die wie über eine Furt nun Rad an Rad, Lastauto an Lastauto rollten – bis es ihnen endlich gelang durchzuschlüpfen und über die Einfahrt in den Hof zu laufen – zur Mutter!

»Sie haben was gesehn!« sagte die zu der Nachbarin am Zaun –, »sie haben was gesehn, da oben an jenem Morgen. Aber die Ulla will nicht davon reden und der kleine Hund kann's nicht –. Schrecklich muß es gewesen sein, aber vielleicht weiß ich's mal. Und vielleicht kann ich ihnen dann helfen.«

Nein, sie konnte es nicht, als sie es wußte. An dem eisigen Wintermorgen, als die Mutter auf der Schwelle vor der aufgeschlagenen Haustür stand, die abgestorbenen Hände auf den Rücken gebunden, als der graupelnde Schnee in ihr Gesicht trieb und, kälter als der Schnee, die beiden Pistolenläufe auf ihre Schläfen drückten. Als sie zum brüllenden Gelächter der beiden Peiniger, die diese Pistolen hielten, aus dem scharfen Blechlöffel, den der dritte ihr hinhielt, herunterwürgen mußte, was sie ihr aus zerbrochenen Weckgläsern hinhielten, ehe sie dann alles in den besudelten Schnee schütteten, auf die schreienden Hühner, die die andern mit den Kolben jagten, auf die halbversengte Pute, die wieder in den brennenden Stall wollte, zu ihrem zertrampelten Gehege.

Als aus der Küche zu dem Gepolter, Gegröhl und Fluchen der Betrunkenen das Klirren des zertrümmerten Geschirrs klang, ehe es durch das offene Fenster in den Hof flog, und von der Chaussee das Jammern und Schreien der Fortgetriebenen. Als das Brüllen der Kuh aus dem nun hellaufbrennenden Stall sich mit dem verzweifelten Rufen und Kreischen und ersterbenden Stöhnen der jungen Ulla und der Nachbarstochter mischte.

Da schleppte sich etwas über den Schnee von dorther, wo es nun still wurde, etwas Unkenntliches, Blutendes, Zerschun-

denes, das leise wie ein Kind winselte. Es zog eine lange Blutspur hinter sich her, es kroch wie ein Blindes – aber es schleppte sich bis zur Hausschwelle, es schob sich zwischen die Stiefel der Männer, die gerade das letzte Glas und den Löffel fortwarfen, weil es ihnen zu langweilig geworden war. Und der blutende, zerschlagene Kopf des kleinen Hundes legte sich auf die erfrorenen nackten Füße der wankenden Frau und eine kleine rosa Zunge leckte darüber hin.
Und dann kam auch zu ihm der barmherzige Tod.

Im Samland

Opa Adomeit geht nach Hause

Er stand auf der Schwelle der Gutsküche, der alte Adomeit und sah mit den kleinen hellblauen Augen den Frauen zu, die dort um den großen Herd standen, auf dem drei mächtige Weckkessel brodelten. Hin und her nickte ihm eine zu; Grete, seine Nichte, die an dem langen Tisch gerade die Hühner zerteilte und mit ihrer Nachbarin in die großen Gläser füllte, rief ihm etwas zu, was er über dem Schwatzen und Herumlaufen der andern ebenso wenig verstand wie den freundlichen Zuruf der Wirtin, die an dem kleineren Seitenherd die Abendsuppe kochte und die beiden Kinder fortjagte, die neben ihr standen, um zuzusehn, wie ein großes blondes Mädchen die kleine Fensterscheibe zuriegelte und mit lautem Rauschen den schwarzen Verdunklungsvorhang niederließ. Dann steckten der schlanke Junge und das Schwesterchen sich rasch eine Scheibe Wurst in den Mund, die eine alte Frau gerade zum Brotbelag aufschnitt, und nun kamen sie auf ihn zu. »Opa Adomeit,« rief die kleine Bärbel, »warum stehst du da? In der Küche ist's viel wärmer! Hast du schon Abendbrot gegessen?« Der Alte nickte. »Hier zieht's!« meinte sie altklug. Aber es war nur der Küchenqualm, der sich mit dem Abendnebel vermischte, der draußen schon über dem Gutshof lag, dessen Lärm – Kettenklirren, Hufschlag, Zuruf, Gänsegeschrei, Plätschern und Lachen von der Waschküche her und das Geklapper der Holzkorken – nun langsam in der frühen Dunkelheit des späten Herbstabends zur Ruhe kam. »Die Tür muß zu sein«, behauptete Bärbel, »sonst kommen die Flieger!« Manfred sah betont nachlässig auf die Uhr am Handgelenk. »Noch eine Viertelstunde Zeit!« stellte er fest. Er errötete aber unwillkürlich über das Lächeln des Alten. »Die Uhr ist von meinem Bruder Horst,« meinte er wie zur Entschuldigung, »dem Flieger. Er bekam Vätis Uhr.« Dann sah er zu dem Alten auf mit seinem schönen hellen Blick.

»Geht deine Uhr richtig, mein Jungchen?« fragte der. Als Manfred nickte, bewegte er die Lippen und zählte lautlos etwas an den Fingern der arbeitsgekrümmten Linken nach. »Ja, es geht!« sagte er dann laut. Aber ehe Bärbel fragen konnte, was wohl ginge, und bevor Manfred noch recht bemerkte, daß der Alte ja die Pelzjacke anhatte und sein derber Stock neben ihm an der Tür stand, rief von der Treppe her aus dem dunklen Flur eine Stimme nach ihm und der Schwester. Ein leichter Schritt kam, und da stand auch schon die Gutsfrau, lang und schmal in ihrem schwarzen Witwenkleid mit dem weißen Krägelchen unter dem mädchenhaften Gesicht mit dem dunklen Scheitel und den hellblauen Augen, sah eilig in die Küche, nickte lächelnd allen zu – und alle nickten wieder und riefen. Dann drehte sie sich um, war plötzlich ganz ernst und sagte: »Ja, Großvater Adomeit – man muß immer andern Mut machen! Laß sie nur froh sein – Arbeit macht froh, auch solche! So können sie doch alles gut auf den Wagen mitnehmen und verstauen, wenn Ihr morgen weitertrecken müßt. Und ihr beiden«, wandte sie sich an die Kinder, »für euch ist es allerhöchste Bettzeit! Rasch nach oben! Ich komme bald zum Gutenachtsagen!«
Sie strich beiden über die blonden Köpfe und lächelte leise, als nun auch der Alte sich bückte und ganz sanft über den schönen schmalen Jungenkopf strich und vorsichtig über Bärbels goldglänzende Zöpfchen. »Nun lauft!« sagte die Frau. Sie hörte auf die raschen Schritte, das Knarren der Treppe. In ihren Augen standen Tränen. »Morgen müssen sie fort«, sagte sie leise, »sie wissen es noch nicht, ich habe nachmittags ihre Sachen gepackt. Ich schicke sie zu meinen Verwandten nach Mecklenburg, da werden sie sich nicht bangen – und wenn wir fort müssen . . .«
Die leise Stimme brach. Sie atmete schwer. Der Alte sah sie an mit seinem guten Vaterblick. »Man bangt sich immer!« sagte er ernst. Sie nickte. »Aber ich hoffe noch, ja, ich hoffe

noch immer, wir können doch bleiben. Hab ja alles fertig – aber von hier fort, wo mein Mann so dran hing ...«

Der Alte sah sie an. »Ich versteh, Frau Hobrucker, ich versteh's gut. Das ist schlimmer wie Sterben. Aber es wird nicht nötig sein. Liebes-Gottchen wird's Ihnen ersparen, weil Sie so gut zu uns waren. Zu uns allen vorher, die hier durchtreckten – und gut zu dem Vieh!«

Die Frau hatte ihre Tränen getrocknet, atmete tief und sah gläubig wie ein Kind zu ihm auf. Dann wandte sie sich rasch nach der Küche, rief der Wirtin ganz laut zu: »Ja, warum singt ihr nicht? Gesten abend habt ihr doch so schön beim Einkochen gesungen!« Dann wandte sie sich, gerade als von oben her ein heller Ruf kam: »Mutti! Mutti! Gutnachtsagen!!!« und schrie leise auf: »Die Tür!« und wollte die Hoftür schließen. Aber der alte Adomeit hatte schon die Klinke in der Hand. »Ich mache gleich zu, auch die kleine Gartentür – will noch danach sehn!«

Aber er blieb stehn. Sie gewahrte nun auch seine dicke Schafspelzjacke, den Stock und die Mütze, die er in den Händen drehte. »Ja, Großvater, gehn Sie auch noch aufs Feld?« sagte sie. »Ja, Frau Hobrucker, ich geh noch, ich geh noch übers Feld, weit geh ich ...« Sie wollte verwundert was fragen, aber der Lärm in der Küche, wo die Frauen sich lachend zuriefen und ächzend die Weckkessel vom Herd hoben, auch das Rufen der Kinder übertönte ihre leise Frage und riß sie aus ihrem Erstaunen, als er ganz ernst und leise sagte: »Und ich danke Ihnen auch für alles.« Die Tür klappte zu, und so hörte sie nicht mehr, wie er draußen, als er auf der Ziegelsteinstufe stand und die Augen schloß, um sich erst einmal an das Dunkel zu gewöhnen, leise weitersprach: »Und daß dies Gut bewahrt bleiben soll ...« Aber er seufzte tief dabei. Dann wandte er sich leise, aber nicht nach dem Hof und dem großen Insthaus drüben, aus dem noch Kindergeschrei und Rufen und Lachen kam, wo die Frauen mit den Kindern

untergebracht waren. Er sah nur herüber, und seine in dem letzten Abendschimmer nun ganz gut blickenden Augen umfaßten noch einmal das große Viereck des Gutshofs, der vollgestopft war von den Planwagen seiner Dorfgenossen und ihrer Nachbarn, neben allem Ackergerät des Hofs und den Wagen und Hühnerställchen der andern Treckenden.
In der Küche sangen sie jetzt hell, hoch und langgezogen: »Im schönsten Wiesengrunde ist meiner Heimat Haus.« Die eine klare Stimme, die man immer durchhörte, das war Grete. Und die dunkle, auch immer herauszuerkennen, das war die freundliche dicke Wirtin.
»Arbeit macht froh!« sagte er.
Er sagte es ganz leise und klinkte das kleine Pförtchen am Lattenzaun auf. Nun stand er im Gutsgarten. Hier nah am Haus duftete es bitterlich nach Buchs von den Streifenbeeten und herb muskatig nach den letzten Chrysanthemen, deren weiße Sternblüten noch leuchteten. Es roch nach feuchter Erde, vom Hof her nach dem warmen Dunghaufen und dem Kuhstall. Der Abendwind fuhr durch die dunkle Glocke der großen Linde, die zur Rechten stand, ein Stern funkelte oben aus ihren Zweigen, der Nebel sank zur Erde.
Er atmete tief. »Ja, ja«, sagte er, »ich komm schon!« Dann schritt er durch den Garten über den hell schimmernden Weg und über den Bleichplatz bis zur Hecke. Richtig, das hohe Türchen stand weit auf. Wie er es zuzog, stieß sein Fuß an etwas Rundes, das rasch fortrollte, aber er langte es doch mit seinem Stock und schleuderte es weit mitten in die Bleichwiese – Bärbels bunten Ball. »Da sieht sie ihn, kann ihn mitnehmen!« murmelte er. »Und wenn nicht – find's ein andres Kind!«
Er riegelte von draußen her die Gartenpforte sorgfältig ab, zog noch einen Bindfaden aus der Tasche und knüpfte ihn um das Gitter. Dann sah er auf. Um ihn schwelte es noch weiß über der leeren Koppel, aber oben war es nun klar

geworden, und aus letztem jagendem Nebelgewölk sah der junge Mond, silbrig hell, wie die noch blassen Sterne. Der Alte bückte sich, schob einen Balken des Holzgatters zur Seite, schritt quer über das Gras. Es quappte ein paarmal feucht unter seinen schweren Sohlen, er sagte: »Gut, gut,« und meinte, durch die Nebelkälte den Geruch des Grases zu atmen. Wieder mußte er unter einem Gatter durch – ach, es roch hier immer noch nach Vieh, und nebenan in der großen Koppel, die er jetzt durchquerte, nach Pferden. Er atmete tief, das tat ihm wohl. Nun endlich erreichte er die Chaussee, er hatte ein gut Stück davon abgeschnitten, gerade die Ecke, wo sie nach dem Gut abbog und wo er jetzt noch einen Wagen knarren hörte – nein, zwei –, ein paar Verspätete, Nachzügler seines oder eines andern Trecks.

Er blieb vorsichtig hinter einem Dornbusch am Grabenrand stehn. Da rollten sie näher, zwei kleine Wagen mit hellschimmerndem Leinenplan. Die kamen vom Haff. Es roch nach Fischen und nach Teer. Und dann wanderte es da neben und hinter dem Wagen her, hell und dunkel gefleckt, müde, schlammbeklebt, leise brummend – die Kühe. Zuletzt, auch jetzt noch spielerisch, in aller Müdigkeit zierlich mit den Hufen klappernd, ein Fohlen. Hinterher trabten zwei alte Männer. Sie bemerkten ihn ebenso wenig wie die oben auf den Wagen im Stroh, zwischen Züchen und Kasten. Die Stimmen aber erkannte er. Die eine, das war der August Pietsch. Und die Frau oben vom Bock, diese schrille Stimme und der kläffende kleine Köter – das mußten Frischmanns sein, vom Abbau!

Er verspürte eine unwiderstehliche Lust, sie anzurufen. Aber er bezwang sich. »Nei, nei, Wilhelm, nich!« redete er sich selbst zu. Aber er fühlte, wie sein Herz schlug, als sie vorüberzogen.

Nun war nichts mehr zu hören als der Nachtwind in den Lindenkronen der Chaussee. Sie war zuerst noch in leidlichem

Stand gewesen, nur immer mehr ausgefahren, wie ein überbelasteter Landweg. Er stolperte ein paarmal. Aber noch spiegelte sich das rasch sinkende Mondsichelchen in den breiten, schon verkrusteten Pfützen, und der hellere Sand an der Seite leuchtete. Bald mußten auch die Linden aufhören und nach einem Streifen kahler, klarerer Eschen die Birken beginnen. Das war gut, da konnte er auch im Wald immer den Weg erkennen.

Nun lag auch der Wald hinter ihm. Die Mondsichel neigte sich schon zum Schlafen. Er nickte ihr zu, wie am Abend den Gutskindern. Nun mußte er oben nach dem Wagen sehn. Dessen Sternendeichsel neigte sich schon tief auf die Felder, die dunkel verschwimmend wie Wasser sich zu beiden Seiten dehnten. Jetzt kamen wieder Räder, aber das Gefährt bog schon weither ab. Dafür knatterten Motorräder heran und rasten vorbei, gerade, daß er sich in den Graben werfen konnte. Wie er sich aufrichtete, kam noch ein Auto. Militär! Er bog in das bereifte Gras. Der Schein flog über ihn hinweg, aber sie gewahrten ihn nicht. Mühsam kroch er hervor, hielt sich an einer welken Klettenstaude, einem Dornbusch. Na, das hätte gut werden können! Die hätten ihn abgeführt wie einen Landstreicher, ihn, den alten Adomeit. »Was wollen Sie, Mann? Was suchen Sie hier?« Ja, so wär's gekommen.

Dann kamen noch einmal Schritte aus einem Seitenweg her, ungleiche, greise. Eine alte Frau, gebückt unterm Bündel, ein krummes altes Mannchen, mit Sack und Pack. Sie waren gut zu erkennen. Früher hatte er immer heimlich über den Lehrer gelacht, wenn der sagte: »Glauben Sie mir's, Adomeit, die Sterne leuchten nachts, ich weiß es! Und die Erde leuchtet auch, weil sie ein Stern ist!« Aber so war's, wahrhaftig, nur daß er es früher nie gemerkt hatte. Das müßte er der Minnachen sagen, die so an den Lehrer glaubte. Ach, sein Minnachen! Gut, daß sie noch im Sommer sterben konnte, ehe sie vom Dorf fort mußten!

Da riefen die beiden Altchen mit zittriger Stimme: »Wer da? Können Sie uns nich sagen, wo unsre Nachbarn sind?« Er mußte lachen. »Ja, das kann ich euch genau sagen! So anderthalb Stunden vor euch! Ich traf den Pietsch und die Frischmannsche da kurz vorm Wald. Wo habt ihr euren Wagen?« »Wagen? Meinst unsre Schubkarr? Die kippte um.« – »Na, konnt euch keiner mitnehmen?« – »Nei, da kommt keiner mehr! Sind alle weg. Und drüben bummern se wieder. Da gingen wir rasch los. Aber weißt auch genau, daß wir die Frischmanns finden?« Und die Altchen fragte ängstlich: »Sind auch im Wald keine Räuber?« – »Nein, nein, kannst ruhig sein! Kam eben von da.« Aber nun wurde ihr erst recht bange. »Und du? Wo kommst du da her? Was treibst du dich hier rum, mitten inne Nacht, aufe Landstraß?« Doch der kleine Krumme beschwichtigte sie. »Aber Muttchen, das is doch der Adomeit, wo uns noch die Stärk verkaufte voriges Jahr! Aber was wollen Sie eigentlich da oben?« – »Ich? Ich hab noch was zu Haus zu besorgen!« – »So?« klang's ungläubig, schon halb im Gehn. »Na hoffentlich haben Sie nen Ausweis! Sonst knallen einen Unsre runter, wie'n Haske!« »Komm man gut wieder!« rief die Altchen noch zurück. Dann trabten die beiden weiter, dem Wald zu. Ein Geruch von modriger Stube und selbstgebautem Knaster lag noch in der Luft, den Adomeit einsog wie was Vertrautes. So hatte es bei den Eltern in dem langen weißen Haus am Kanal gerochen. Bei ihm zu Hause nicht. Die Minnachen, die war fürs Lüften. Immer brannte der neue Sparherd. Und Rauchen litt sie nicht, wegen der weißen Gardinen. Ja, sein Minnachen! Wie würde er ihre Stube finden und die Küche?! Die Grete und die Sperlingsche hatten ja alles eingepackt, was in der Eile bloß zu greifen ging! Und sogar ihn selbst, ob er wollte oder nicht, mit auf den Wagen geschubst, weil er seinen schon am Abend der Lehrersfrau mit ihren sieben Kindern gegeben hatte. Ach, um die Sachen war's ihm ja nicht, daß er jetzt hier ging, so lieb ihm die waren, wegen der Minnachen – aber das Vieh! Sein Vieh!

Wie er so weiter wanderte, stetig, beinah langsam und doch unaufhaltsam, wie Menschen gehn, die gewohnt sind, hinter der wandernden Herde, hinter dem Feldgespann zu gehn, da wurde es ihm klar, daß es nicht bloß um die beiden Schwarzbunten war, nicht um Kujel – Maxchen hatten ihn die Lehrerskinder genannt –, nicht um die beiden Ziegen, die die Frau aus Bommelswitte ihm übergeben hatte, die als Erste im Planwagen vorbeizog. Da war noch was anderes! Das klang in seinem Herzen, dumpf grollend wie das Bummern, das sich jetzt, gleichmäßig rollend, lauter und leiser, aber nicht mehr verstummend, in der Nacht erhoben hatte. Von dort im Nordosten kam's, wo der rote böse Stern zwischen den andern hellen funkelte. Dazu geisterte von der andern Seite ein heller bläulicher Schein in langen Streifen über den Himmel.

Einmal stieg etwas rotglühend in die Nacht von dort zur Linken, wo das Haff sein mußte. Es lag Nebel drüber, und er meinte, im Wind den Wassergeruch zu fühlen.

Er lehnte sich an einen Birkenstamm und atmete tief. Ein Weilchen so im Halbschlaf wandernd, hatte er es beinah vergessen: es war Krieg! Wieder Krieg, wie damals vor dreißig Jahren! Da, wo es so brummte, stand wieder der Ruß. Wie damals. Und wollte wieder die Wiesen und die Felder, die schönen Roggenfelder, die schon wieder grünten, und die Herden und die Pferdchen? Ja, wenn er sie noch wollte! Aber er wollte das alles bloß verbrennen, zerstören, wie immer. Bloß daß diesmal nicht die Minnachen mehr auf dem Leiterwagen herumzog mit den Kindern, sondern die Grete. Und daß nun seine Jungen im Feld standen. Und dort, wo der böse rote Stern flimmerte, da lagen sein Großer, der Hanschen und da war sein Jüngster, »vermißt«, o großes Gottchen, vermißt! Und er war kein Feldgrauer mehr im Stahlhelm, er

war sogar zu alt schon zum Graben – er war bloß noch der alte Opa Adomeit!
Oben brauste etwas dröhnend durch die Luft. Er zuckte zusammen, einen Augenblick lang hilflos der Angst der Kreatur hingegeben vor dem Schrecknis, das sein alter Kopf noch immer nicht fassen wollte. Dann aber schüttelte er's ab: »Alter Däskopp!« schalt er sich selbst. Dann erzählte er sich, wie er nun von der Chaussee abbog in die Felder und da beinah lautlos weiter schritt, durch die Gatter kriechend, einmal gegen einen Heuhaufen laufend, einmal über einen Graben stolpernd, »ist ja gar nichts, ist ja bloß ein Gewitter da drüben, bloß Wetterleuchten! Das geht vorbei. Du hast bloß auf dem Gut zu tun gehabt bei der netten jungen Frau Hobrucker, Wilhelm, und gehst nun nach Haus, zum Grundstück. Dann wird grad Zeit sein zum Melken. Und wenn die Minnachen aufsteht, dann is alles schon besorgt . . .«
Er erzählte es sich immer wieder. Das Grummeln drüben wurde nun auch schwächer. Allerlei fiel ihm ein, vorüberjagend wie im Traum. Der Herr Schulhalter mit den vielen bunten Bienenstöcken, zu dem sie am Kanal gingen, er und die fünf Geschwister. Einmal stand ein Elch auf dem schmalen Weg. Die Mädchen schrien vor Angst. Aber der Elch platschte ins Wasser und schwamm herüber. Dann stand die Minnachen da, jung und hübsch, wie er sie zum ersten Mal zur Mutter brachte. Sie trug das lange, blaubunt-schillernde seidene Kopftuch, das er ihr in Tilsit in der Hohen Straße gekauft hatte. Ja, bei den Tilsiter Dragonern hatte er gedient – so eine feine bunte Uniform war das! So schöne, braune Pferdchen!
Die Mutter zog zu ihm aufs Grundstück, das ihm der Ohm Franz vererbt hatte. Wie war sie stolz drauf! Und erst wie der Hanschen kam. »Nun kann ich ruhig sterben«, hatte sie gesagt. Und starb. Aber erst nach der Roggenaust, die hatte sie noch abgewartet. Und dann kam das große Gewitter, am Tag

nach ihren Begräbnis, und die neue Scheune brannte ab... Er schrak auf aus seinem Halbtraum! O großer Gott, wenn sie das Dorf runtergesengt hatten, ehe die Unsern kommen! Ihn schüttelte das Entsetzen.
Nein, so weit war ihm der Weg bei Tage nie vorgekommen! Wie würde er den bloß wieder zurück zwingen, um die andern noch auf dem Gut zu finden, um mit ihnen weiter zu trecken! Es konnte auch gar nicht mehr weit vom Morgen sein. Da, vor ihm, aus dem ziehenden Nebel, der sich eiskalt und schwer auf seine Schultern legte, und in dem ein gewisser heller Schein war – war etwas Dunkles zu sehn. Das mußte ein Dach sein, ein Haus im Garten. Er horchte, ob er einen Hahn krähen hörte. Aber alles blieb still. Auch kein Hund schlug an. Nur eine kleine wildernde Katze strich warm um seine Füße, folgte ihm eine Weile und blieb dann zurück. Er stieß gegen einen zerwühlten Strohhaufen, er spürte den Geruch von Vieh, hörte es schnobern und mahlend fressen, und immer wieder kurz und hart etwas abrupfen. Der widerliche Geruch welker Rübenblätter stieg vom hart gewordenen Boden zu ihm auf. Dann suchte etwas seine Hand und wanderte enttäuscht weiter. »Armes Vieh«, murmelte er, »armes Vieh!« Ob zu Hause die Rosa und die Flora auch so übers Feld irrten? Angst krampfte sein Herz zusammen. Er stampfte weiter, näher zu dem Gehöft als er es eigentlich wollte. Der fahle Schein wurde immer heller. Beizender Brandgeruch schlug ihm entgegen. Nun sah er's unter den abgesengten Wipfeln der Eschen, den anklagenden kahlen Schlot des heruntergebrannten Hauses, die verkohlten Balken, sogar der Schwengel des Ziehbrunnens war schwarz. Nur der eine Stall stand noch. Aber es kam kein warmer, guter Stalldunst aus der weitoffnen Tür, nur der Verwesungsgeruch verendeter Tiere. Und sein Fuß stolperte über die toten Gänse, deren Federn wie aufgestört stoben.
Krieg! Ja, so sieht Krieg aus, wenn er kommt. –

Aber Unsre sind wieder da – ja, die müssen doch hier rundum sein, darum mußten wir ja weg. Aber sie dürfen ihn nicht finden, auch die nicht. Er weiß ja nicht die Parole. Doch, er weiß sie, sein Herz hämmert sie, wie er jetzt durch die Wiesen, die zerwühlten Felder weiter wandert, so schnell als die mühsam atmende Brust nur zuläßt. Die Parole heißt: »Minnachen – Zu Hause!« Das wird er sagen, wenn sie ihn anrufen. »Kamerad«, wird er sagen: »Minnachen«, und der sagt: »Zu Hause!«

Er weiß nicht mehr, wie lange er so wandert. Einmal muß er stehn bleiben und die Pelzkappe abnehmen, der Wind streicht um seinen glühenden Kopf, er wischt sich den Schweiß ab, der ihm in die Augen läuft. Das Bummern ist verstummt, über den Himmel zieht bloß noch flatterndes Nebelgewölk haffwärts. Tief, so klar wie eine weiße Sonne, steht der Morgenstern, auch er verblaßt schon vor dem helleren Licht dort über den kleinen Hügeln. Von den Wiesen, aus dem Moorloch vor ihm, aus den Gräbern steigt dicker Nebel, das zertrampelte, zerfahrne Kohlfeld ist weißbereift, wie bezuckert. Schön sieht der Rotkohl aus – das hat er nie gewußt. Er setzt die Mütze wieder auf, es schaudert ihn. Aber er muß die Pelzjacke aufknöpfen. Unter dem Schafsfell, dem selbstgewirkten Rock, der gestrickten Weste, klebt ihm das leinene Hemd am mühsam atmenden Leib. Er darf nicht mehr stehn bleiben, die geschwollnen Füße in den dicken Stiefeln scheinen im Boden zu verwurzeln. So wandert er weiter.

Manchmal duckt er sich ein bißchen, kriecht hinter einen Strauch, wenn auf der Chaussee drüben die eisernen Räder rollen, unablässig – Artillerie! Ach, es war so heiß gewesen, als er damals rauszog, für Minnachen und die Kinder! Es war auch gut gewesen im Schützengraben, mit den Kameraden – alle fort! Bloß noch eine Gedächtnistafel, wie für seinen Hanschen. –

Nein, er wollte nicht daran denken. Hier ging es sich gut, hier kannte er Weg und Steg, jedes Feldstück, jeden Zaun. Schön war's gewesen, so früh am Morgen mit der Sense zu gehn! Immer warm noch von dem dicken Bett, von der Morgensuppe, die die Minnachen gekocht hatte. Schön war's, wenn dann das Heu so gut roch – schön, wenn das Korn fiel in Schwaden und die Hitze einem auf den Rücken brannte! Und dann im Herbst hinterm Gespann gehn und pfeifen, und die Erde roch so gut! Und dann kamen die Kühe, immer hinterdrein.

Da war schon der alte Quitschenbaum am Graben. Ein paar Krähen flogen aus der Krone auf, ein paar verschrumpelte rote Beeren fielen herunter. Da, der weißen Giebel, das war das Bendigsche Haus – o Gott sei Lob und Dank! Das stand noch! Dann stand das Dorf – und aus dem Schornstein stieg Rauch. Da mußte er vorsichtig sein, durch den Graben waten. Eisig war das Wasser! Am Ufer bröckelte das Eis. Dann noch an Bendigs Roggen vorbei – schön stand der, dicht und schon so hoch! Nun an Gretens Obstgarten entlang und dem großen Strohhaufen, und dann an der Nußhecke und dem Bienenstand von ihrem Mann. Da sah ihn keiner. Und wenn sie ihn griffen, nun, dann sagte er die Parole!

Er lachte ganz leise, aber dann rang er nach Luft. Der Nebel lichtete sich, als ob nun auch die Erde ihn einsog mit dem letzten Dunkel. Ganz klar erkannte er abseits vom Dorf die runden Wipfel der großen Friedhofslinden, unter denen die Mutter lag und die Minnachen und alle Nachbarn und wo der Gedenkstein stand für Hanschen.

Da raschelte es zu seinen Füßen, mauzte leise, strich zärtlich um seine Knie – keine fremde Katze, nur die eigne, dicke, graue Miez! Er bückte sich, hob sie auf, drückte sie zärtlich, kraulte sie. Sie schnurrte leise. Es roch nach dem Düngerhaufen, es roch nach dem Stall, warm und gut, nach Hühnern,

nach Schwein – aber nicht nach Ziege. Wer weiß, wer die mitgenommen hatte!
Ganz vorsichtig schlich er durch die Tür in der Hecke. Sein Blick umfaßte den kleinen Hof. Auch aus seinem Schornstein stieg Rauch. Ja, da lag Militär, das war zu merken, an allem, was da aufgefahren war. Aber die Pumpe stand wie immer, die Eimer dran, der schön geschichtete Holzhaufen am Zaun, die Fliederhecke mit den letzten dunklen Blättern, das allererste blasse Morgenlicht lag in den immer noch blanken Fensterscheiben. Die weißen Gardinen hatte die Grete noch rasch abgenommen und verpackt.
Er ließ die Katze zu Boden gleiten und ging in den Stall. Zuerst zu Max. Der tobte noch grunzend im Koben herum, hatte Stroh in der Ecke, und es roch sauer nach Drank. Er schnüffelte und richtete sich auf, war rund und leidlich sauber und machte einen ganz zufriedenen Eindruck. »Hätten dich schlachten müssen!« murmelte Opa Adomeit. »Na, nu wirst andern schmecken!«
Er sah in den Hühnerstall und stieß die kleine Auslaufluke auf. Da schüttelte es sich rucksend, plumpste von den Stangen und schob sich aufgicksend eilig durch das Schlupfloch, nicht seine braunen Italienerhennchen – die nun bis auf die fünf im Käfig wohl schon in den Weckgläsern auf dem Fenster der Gutsküche auskühlten, ehe Grete sie auf den Wagen packte – nein, ein paar falbe, gesprenkelte Bauernhühner, deren breiter Kahlgesessenheit es anzusehn war, wieviel Keichelvölker sie schon geführt hatten. Er sah ihnen nach, lachte wieder ein bißchen, drückte aber auch gleich wieder die Hand aufs Herz. Da war's wie zu eng, es stach wie ein Messer bis über die Schulter, bis zum Ellbogen, als ob sich die Adern zusammenzogen. Im Kuhstall würde das gleich besser werden, da ist's gesund zu atmen!
Er stieß die Tür auf, der warme vertraute Dunst, der gute Dunst nach lebendigem Tier, nach Stroh, nach Dung war da

– zwei schöne sanftäugige große Häupter mit kleinen grauen Hörnern drehten sich nach ihm, zwei weiche mahlende Mäuler, die eben in der Raufe gewühlt, waren da, zwei Schwänze pendelten hin und her, wie zum Gruß, als freuten sie sich, wie er sie anredete: »Na, Flora! Na, Rosa! Nu bin ich da!«

Nichts war schrecklich, nichts war, wie er's gefürchtet hatte, uneingestanden bis zuletzt. Alles war wie immer. In der Ecke stand der Schemel. Er zog ihn heran, klopfte Floras weißen Stern mit der Riefe auf dem schönen Kuhhaupt, und dann setzte er sich und begann zu melken. Stripp, strapp, stroll! Ja, so war's, wie immer. Es roch süßer als Heu und Klee, sanfter als das warme Grabenwasser im Sommer, es rann weiß und schäumend in feinen Strahlen in den Eimer.

Er stand auf, er mußte sich an der Flora halten, so schwindlig war ihm geworden. Er warf die Pelzjacke auf die Raufe. Dann ging er zur Rosa. Sie war nicht so groß und schwer wie die Flora, hatte erst zweimal gekalbt. Aber sie war noch schöner als die Mutter. Wie eine Decke lag die schwarze Zeichnung über ihrem Rücken. Er lehnte den müden schwindligen Kopf an ihre sanft atmende Flanke. Unter den schwarzen Flecken schimmerte aus dem weißen Fell die Haut, rosig wie das schöne tiefe Euter mit den festen kurzen Stripsen. »Ja, meine Musche«, murmelte er, »ja, nun melk ich dich!« Er merkte aber, daß sie gut gehalten war, immer zur Zeit gemolken, wie die Flora. »Die Minnachen hat aufgepaßt!« nickte er, gar nicht verwundert.

Dann stand er endlich auf und stellte den Eimer an der Schwelle neben die Stalltür. Er wollte mit der Milch in die Küche, sie durchseihen. Aber er konnte keinen Schritt weiter. Der Schwindel kam wieder mit würgender Übelkeit, sein linker Arm hing zur Seite wie ein Stock. Er sah jetzt, daß das helle Leuchten hinter dem Kirchhofsberg ganz golden wurde, strahlend in goldener Klarheit, daß jede der roten

Dachpfannen auffunkelte, das Fenster blitzte, daß die grüne Tür, feucht und blank vom nächtlichen Nebel, aufging, daß da zwei junge Soldaten auf dem Vortreppchen ganz im Früh-Sonnenschein standen! Das waren seine Jungen! Sie waren wieder da!

Er taumelte, wollte nach dem Türpfosten greifen, vermochte es aber nicht mehr. Ganz lautlos sank er zusammen.

Die beiden kamen gerade noch zur rechten Zeit, um ihn aufzufangen, damit er nicht mit dem Kopf auf die Schwelle schlug. Ein dunkles Rot überflutete die dröhnende Stirn, die schweißüberströmte, und wich noch einmal zurück. Sein Gesicht wurde gelb und spitz, scharfe Schatten dunkelten um den Mund, nur auf den Backen lag noch fiebriges Rot. Er schlug die Augen auf, der Blick irrte, blieb an dem jungen scharf geschnittenen Gesicht hängen, das sich über ihn beugte. »Hab gemolken«, stammelte er mühsam, »meine Kühe!«

Der junge Soldat nickte, als ob er alles begriff. Er zog ein Becherchen aus der Tasche, und wie sein Kamerad den Sterbenden etwas aufrichtete, damit der röchelnde Atem leichter ging, schöpfte er von der schäumenden Milch und führte den Becher vorsichtig an die bläulichen Lippen. Ein paar Tropfen erreichten den Mund, ein Lächeln ging über das verfallende greise Gesicht.

»Versteh schon«, sagte der junge Soldat leise. Sein Tonfall klang hier fremd – aber seine Augen, klar und hellbraun wie die eines Adlers, sahen ernst und still den Blick, der sich an ihn klammerte, wie der eines Kindes. »Hab selbst einen Hof in den Vorbergen. Drei Küh und ein Stierl.«

Es war nicht zu merken, ob die schon wandernden Gedanken des Alten ihm noch folgten. Aber Tröstung ging von Blick und Stimme aus und Linderung von den jungen Händen des Andern, der ihm mit seinem blauen Tuch den Todesschweiß trocknete und seinen Kopf auf den Knien hielt.

Das Gesicht des Alten wurde hell wie Wachs, langgezogen, ehrwürdig still. Noch einmal bewegte er die Lippen. Die beiden beugten sich über ihn. Ganz leise flüsterte er: »Kamerad! Parole: Nach Haus!«
Und dann ließen sie ihn vorsichtig niedergleiten, und er streckte sich lang aus, der alte Adomeit – auf seinem eignen Grund und Boden.

Nachtgesicht

Aufs Kissen schien des Vollmonds weißes Licht
Und weckte mich. Da sah ich schlummermatt,
Vorüberziehen seltsames Gesicht:

Ich stand im Herzen meiner Vaterstadt,
Der längst zerstörten. Über Schutt und Trümmer –
Es war nicht Nacht. Sehr heller Mittag schien
Auf leere Wände – flog ein dunkler Schimmer
Wie Mückenschwärme, welche schwebend ziehn
Und formte schattenhaft vergangnes Bild
Der Giebelhäuser und der engen Gassen.
Und über Stadt und Brücke wuchs im blassen
Flimmernden Licht, so grau wie Nebel quillt,
Gekrönt von seines Turmes schlankem Schaft,
Des altersgrauen Ordensschlosses Wucht.
Und wie ein Fluß aus seiner Felsenhaft
Herquellend, schwellend, durch die schmale Bucht
Zu fernem Ziele unaufhaltsam rinnt, –
So strömte hügelab und durch die Gasse
Unübersehbar, dichtgedrängt die Masse
Herwandernder Menschen, Greis und Frau und Kind.

Es schwebte leuchtend ihrem Zug voran,
Von eines jungen Kriegers Hand getragen,
Im Wind sich breitend gleich dem wilden Schwane
Der südwärts zieht, die weiße Ordensfahne
Mit ihres schwarzen Kreuzes strengem Zeichen.
Und leise betend folgten ihr die bleichen
Hirten der Herde. Im schwarzen Talare
Die einen. Priesterlich im Silberhaare
Domherr und Bischof nahten.
Ohne Klagen
Der Strom Unzählbarer vorüberrann,
Lautlos, wie eines Wassers graue Wogen,
Alle das Haupt emporgewandt zum Licht
Einander führend, glitten sie vorbei.
Kein Murren klang, kein Schluchzen und kein Schrei.
Nur eine junge Schwester weinte leise
Und zaudernd wandte einmal eine greise
Frau still sich um nach schuttbegrabner Schwelle
Und wurde mit den andern fortgezogen,
Gebannt wie diese von der fernen Helle,
Die wie ein Ruf war – –
Und sie sahen nicht
Die riesigen drei Schwestern still im Bogen
Des halbzerstörten Hafentores stehn,
Sahn nicht der schwarzen Witwenschleier Wehn
Um ihrer Mauerkrone purpurne Zinnen.

Sie standen, Gramerstarrte, tief in Sinnen,
Im Bettlermantel, im zerrissnen Kleid.
Haltsuchend stützte sich die greise Hand –
O eiserner Ring, wie wurdest Du so weit! –
Auf des geborstenen Wappenschildes Rand.
Verblichen war da goldener Krone Funkeln,
Blutig der Arm, der aus der Flut sie hob.
Der Aschenhauch gesunkner Speicher stob
Um Stern und Hifthorn. Aus dem rauchig dunklen
Grund ragte noch geschändeten Kreuzes Arm.

Und wie nun droben aus des Tores Schlund,
Dem rauchgeschwärzten, Allerletzte kamen
– So taumeln späte Bienen noch zum Schwarm –
Und still zum stillen Zuge sich gereiht,
Da neigten sich die Trauernden.
Und Leid
Entsiegelte schluchzend ihren steinernen Mund.
Langsam anschwellend, dröhnend wie Geläut
Glühender Glocken über flammendem Dom,
Wie sinkender Dampfer Hilferuf vom Strom,
Scholl einmal noch, zum letztenmal der Namen
Der alten Stadt –
Und aus den Trümmern, schwer
Wie ersterbendes Summen aus zerrissner Beute
Klang dreimal noch im Widerhall es her:
Königsberg!
Königsberg!
Königsberg!

Es war ein Land

O kalt weht der Wind über leeres Land,
O leichter weht die Asche als Staub und Sand!
Und die Nessel wächst hoch an geborstner Wand,
Aber höher die Distel am Ackerrand!

Es war ein Land – wo bliebst Du, Zeit?
Da wogte der Roggen wie See so weit,
Da klang aus den Erlen der Sprosser Singen
Wenn Herde und Fohlen zur Tränke gingen,
Hof auf, Hof ab, wie ein Herz so sacht,
Klang das Klopfen der Sensen in heller Nacht,
Und Heukahn an Heukahn lag still auf dem Strom
Und geborgen schlief Stadt und Ordensdom –
In der hellen Nacht –
Der Johannisnacht!

Es war ein Land – im Abendbrand
Garbe an Garbe im Felde stand.
Hügel auf, Hügel ab, bis zum Hünengrab
Standen die Hocken, brotduftend und hoch,
Und drüber der Storch seine Kreise zog.
So blau war die See, so weiß der Strand
Und mohnrot der Mond am Waldesrand
In der warmen Nacht –
Der Erntenacht!

Es war ein Land – der Nebel zog
Wie Spinnweb, das um den Wacholder flog,
Die Birken leuchteten weiß und golden,
Und korallen die schweren Quitschendolden,
Die Eicheln knirschten bei Deinem Gehn
In den harten Furchen der Alleen.
Ein Stern nur blinkte, fern und allein,

Und Du hörtest im Forst die Hirsche schrein
In der kalten Nacht –
der Septembernacht!

Es war ein Land – der Ostwind pfiff,
Da lag es still wie im Eis das Schiff,
Wie Daunen deckte der Schnee die Saat
Und deckte des Elchs verschwiegenen Pfad.
Grau fror die See an vereister Buhne
Und im Haff kam Fischer und Fisch zur Wuhne.
Unter warmem Dach aus Stroh und Ried
Klappte der Webstuhl zu altem Lied:
»Wi Beid', wi sönn noch jong on stark,
Nährn ons möt eigne Hände –«
Es war ein Land – wir liebten dies Land –
Aber Grauen sank drüber wie Dünensand.
Verweht wie im Bruch des Elches Spur
Ist die Fährte von Mensch und Kreatur –

Sie erstarrten im Schnee, sie verglühten im Brand,
Sie verdarben elend in Feindesland,
Sie liegen tief auf der Ostsee Grund,
Flut wäscht ihr Gebein in Bucht und Sund,
Sie schlafen in Jütlands sandigem Schoß –
Und wir Letzten treiben heimatlos,
Tang nach dem Sturm, Herbstlaub im Wind –
Vater, Du weißt, wie einsam wir sind!

Nie zu klagen war unsre Art,
Du gabst und Du nahmst – doch Dein Joch drückt hart!
Vergib, wenn das Herz, das sich Dir ergibt,
Nicht vergißt, was zu sehr es geliebt,
Was Gleichnis uns war – und noch bleibt im Leid –
Von Deines Reiches Herrlichkeit!

O kalt weht der Wind über leeres Land,
O leichter weht Asche als Staub und Sand,
Und die Nessel wächst hoch an zerborstner Wand,
Aber höher die Distel am Ackerrand!

Nidden

Quellennachweis

Von den 38 Prosastücken und Gedichten dieses Bandes sind allein 16 nicht in Agnes Miegels »Gesammelten Werken« enthalten. Sie seien an erster Stelle und detaillierter aufgeführt. Das Gedicht »Spätsommer« entstammt der ersten Buchpublikation, den »Gedichten von Agnes Miegel«, Cotta'sche Buchhandlung Nachfolger, Stuttgart 1901.

»Der alte Laden« erschien in der Königsberger Allgemeinen Zeitung vom 31. 8. 1929, »Meine Heimat« in der Ausgabe vom 11. 3. 1938.

»Herbst in Ostpreußen« Aus dem Prospekt des Landesverkehrsverbandes Ost- und Westpreußen, Königsberg 1934.

»Zu Weihnachten« wurde zuerst in der Zeitschrift »Eckart«, 11. Jahrg. 1935, Heft 12, abgedruckt.

»Mein Bernsteinland« ist ein Teilabdruck aus A. M., Mein Bernsteinland und meine Stadt, Königsberg 1944, S. 5–14.

»Opa Adomeit geht nach Hause« ist ein bisher unveröffentlichter Text aus dem Nachlaß der Dichterin, datiert Herbst 1944, den wir mit freundlicher Genehmigung des Deutschen Literaturarchivs, Marbach a. N., veröffentlichen.

»Nachtgesicht« ist den »Flüchtlingsgedichten« Agnes Miegels, Hameln 1949, entnommen.

Die Prosatexte »Zum erstenmal in Masuren«, »Vom Palmsonntag zum Ostermorgen«, »Es ist eine Lust zu reisen« standen erstmals im Ostpreußenblatt – in den Ausgaben 9. 7. 1960, Folge 15/1968, 7. 3. 1970.

Fünf Gedichte wurden mit freundlicher Genehmigung von Frau Dr. Anni Piorreck aus dem von ihr herausgegebenen Band »Gedichte aus dem Nachlaß« (Düsseldorf/Köln 1979) ausgewählt; es sind in zeitlicher Reihenfolge »Sturmnacht« (1932), »Eisvogel« (1947), »Hinter der Hohen Düne Vergangenheit« (1957), »Erdenmorgen« (1957/58) und »Zur Neujahrsnacht 1960/61«.

Alle übrigen Gedichte wurden aus Band I der Werksausgabe – A. M. Gesammelte Gedichte (1952) – ausgewählt, alle übrigen Prosatexte aus Band V »Aus der Heimat« (1954) und Band VII »Mein Weihnachtsbuch/Truso/Heimkehr« (1965).

Zu den Bildern

Die Holzstiche, Holz- und Linolschnitte stammen von Lieselotte Plangger-Popp (Bozen), der Trägerin des Kulturpreises der Landsmannschaft Ostpreußen 1982.
Schon die erste Dichtung, die die 1913 in Masuren geborene Künstlerin illustriert hat, war eine Ballade Agnes Miegels. 1922 bis 1938 waren ihre Königsberger Jahre: in der »Meisterschule für Deutsches Handwerk« besuchte sie die Fachklasse für Gebrauchsgraphik und arbeitete im Atelier des Verlages Gräfe & Unzer. Sie beschloß ihr Studium an der Münchener Kunstakademie. Zu den anderen Techniken lernte sie Radierung und Rohrfederzeichnung schätzen.
1954 heiratete Lieselotte Popp den Südtiroler Bildhauer Hans Plangger und übersiedelte nach Bozen. »Mit Bewunderung sah ich«, so schrieb Agnes Miegel, »wie diese große herbe Natur Südtirols meine Landsmännin so gepackt hat, daß sie mit ihrer strengen Kunst in den Holzschnitten ein Bild des Berglandes gibt, von dem ich das Empfinden habe, auch ein Tirolerkind könnte es nicht stärker und tiefer erfassen.« Was für ihre zweite Heimat galt, gilt in besonderem Maße für die Landschaft ihrer Jugend: masurische Seen, Nehrungsdünen, Samlandküste, Haff und Kurenkähne, Fischeralltag, dörfliches Leben. Es sind Bilder, die einem viel erzählen. So wie auch die Gedichte und Prosastücke Agnes Miegels dem, der sie aufmerksam liest, ein Bild Ostpreußens geben.

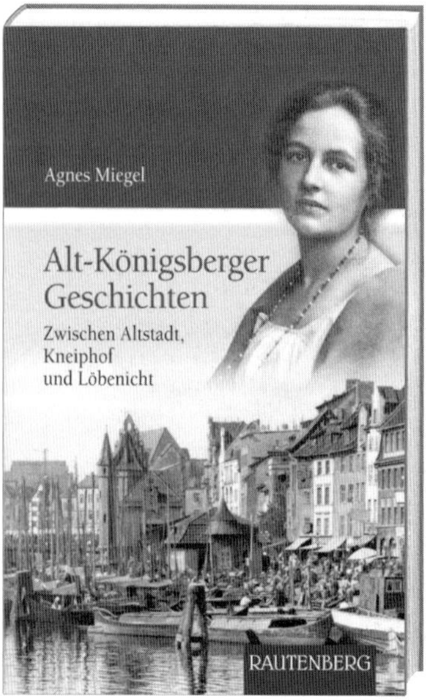

Agnes Miegel

Alt-Königsberger Geschichten
Zwischen Altstadt, Kneiphof und Löbenicht

237 Seiten,
8 S/W-Abbildungen
Format 12 x 19,5 cm
Gebunden mit Schutzumschlag

ISBN 978-3-8003-3169-7

€ 12,95 [D]/€ 13,40 [A]

Agnes Miegel nimmt uns mit zu den geliebten Stätten ihrer Kindheit. In dreiundzwanzig meisterhaft geschriebenen Geschichten und drei Gedichten lässt sie die versunkene Welt ihrer Heimat in leuchtenden Farben kaleidoskopartig auferstehen. Sie nimmt uns mit auf eine Wanderung zu Häusern und Orten, die wir durch ihre lebendige Beschreibung wie durch die Augen eines neugierigen liebenden Kindes betrachten können. Sie erinnert sich an glückliche Kindertage, in denen sie sich bei liebevollen Eltern und Verwandten geborgen wusste, an Ausflüge mit der Familie, die in ihr eine große Liebe zur Natur weckten und an fröhliche Familienfeiern, die sie so lebendig beschreibt, dass man meint, sie selbst mitzuerleben. Durch die Zeilen schimmert aber auch immer wieder der Schmerz um das unwiederbringlich Verlorene: Um die verlorene Stadt Königsberg, das verlorene Land Ostpreußen und die verlorene Zeit. Entstanden ist das lebendige Gemälde einer versunkenen Welt. Die Erzählungen sind so farbig und fesselnd geschrieben, dass man das Buch nicht aus der Hand legen möchte.

Agnes Miegel

Mein Weihnachtsbuch
Besinnliches aus Ostpreußen

144 Seiten,
1 S/W-Abbildungen
Format 12 x 19,5 cm
Gebunden mit Schutzumschlag

ISBN 978-3-8003-3179-6

€ 12,95 [D]/€ 13,40 [A]

In Erzählungen, Geschichten und Gedichten lässt Agnes Miegel die Kindheitserinnerungen an den Zauber der Weihnachtszeit in ihrer alten Heimat wach werden. Sie vergleicht ihr Buch mit einer Schachtel voll Weihnachtsschmuck, die das Jahr über auf dem Dachboden verstaubt und erst in der Vorweihnachtszeit wieder geöffnet wird.

Dann hängt „an jedem Faden sorgsam gebündelten Engelhaars" ein „weißt – du – noch?"

Agnes Miegels Buch birgt einen Schatz voll Erinnerungen und Geschichten aus Ostpreußen, zum Lesen, Vorlesen und Erzählen nicht nur in der Adventszeit.

Agnes Miegel

Spaziergänge
einer Ostpreußin
Königsberger
Feuilletons

144 Seiten,
2 S/W-Abbildungen
Format 12 x 19,5 cm
Gebunden mit
Schutzumschlag

ISBN 978-3-8003-3128-4

€ 12,95 [D]/€ 13,40 [A]

Von 1923 bis 1926 schrieb Agnes Miegel für die „Ostpreußische Zeitung" die Serie „Spaziergänge einer Ostpreußin".
Insgesamt sind 44 Texte erschienen, von denen hier die schönsten und aufschlussreichsten versammelt sind.
Es sind bezaubernde Skizzen, Momentaufnahmen, die die untergegangene ostpreußische Welt wieder aufleben lassen.
Man erlebt den Alltag von Königsberg und von Gumbinnen, die schwierige Zeit der Inflationsjahre, aber auch eine Reise nach Amsterdam, in der wunderbaren Sprache von Agnes Miegel.

Agnes Miegel

Wie Bernstein leuchtend auf der Lebenswaage
Gesammelte Balladen

264 Seiten,
Format 12 x 19,5 cm
Gebunden mit Schutzumschlag

ISBN 978-3-8003-3053-9

€ 12,95 [D]/€ 13,40 [A]

Die Erneuerung der Ballade war das Werk einer Zwanzigjährigen. Mit Ihren Imaginationen und Geschichten, ihren Balladen und Liedern wurde sie die Dichterin der Bernsteinküste – Agnes Miegel.

„Agnes Miegels Stimme hat in keiner Epoche meines Lebens ihren Zauber verloren. Wie sie mich in früher Jugend begleitet, so begleitet sie mich auch heute im hohen Alter mit der Ungebrochenheit tiefer Innerlichkeit und Schönheit."

Gertrud von le Fort

Agnes Miegel

Die Frauen von Nidden
Gesammelte Gedichte von unserer „Mutter Ostpreußen“

256 Seiten

Format 12 x 19,5 cm
Gebunden mit Schutzumschlag

ISBN 978-3-8003-3055-3

€ 12,95 [D]/€ 13,40 [A]

Es ist vor allem die große Melodie und bildhafte Sprachkraft, die die Verse von Agnes Miegel auszeichnen und ihre Dichtungen berühmt gemacht haben.
In „Die Frauen von Nidden“ ist das lyrische Spätwerk der Dichterin versammelt, das autobiografisch mancherlei Aufschlüsse und Erkenntnisse gibt.
In den nachgelassenen Gedichten findet man das selbstverständliche Eintauchen in fremde archaische Welten wieder, den Versuch, Grenzen zwischen Leben und Tod zu überwinden, sowie glückhaftes und schmerzvolles Erinnern an die alte Heimat.